掌尚文化

SALUTE & DISCOVERY
致 敬 与 发 现

 感谢中国农业大学"世界经济新格局"青年科学家创新团队的科研资助,以及中国农业大学杰出人才引进科研启动经费的资助

世界经济新格局丛书　A SERIES ON THE NEW PATTERN OF THE WORLD ECONOMY

FOREIGN ACEDEMIC RESEARCH
FRONTIER OF
INTERNATIONAL TRADE

国际贸易
国外学术研究前沿

李春顶　东　艳◎著

经济管理出版社

图书在版编目（CIP）数据

国际贸易国外学术研究前沿/李春顶，东艳 著.—北京：经济管理出版社，2020.8
ISBN 978-7-5096-7439-0

Ⅰ.①国… Ⅱ.①李…②东… Ⅲ.①国际贸易—学术研究—国外 Ⅳ.①F74

中国版本图书馆CIP数据核字（2020）第158454号

组稿编辑：宋　娜
责任编辑：张　昕　张馨予　姜玉满
责任印制：黄章平
责任校对：董杉册

出版发行：经济管理出版社
　　　　（北京市海淀区北蜂窝8号中雅大厦A座11层　100038）
网　　址：www.E-mp.com.cn
电　　话：（010）51915602
印　　刷：唐山昊达印刷有限公司
经　　销：新华书店
开　　本：710mm×1000mm/16
印　　张：14
字　　数：208千字
版　　次：2020年11月第1版　2020年11月第1次印刷
书　　号：ISBN 978-7-5096-7439-0
定　　价：98.00元

·版权所有　翻印必究·

凡购本社图书，如有印装错误，由本社读者服务部负责调换。

联系地址：北京阜外月坛北小街2号
电话：（010）68022974　邮编：100836

前　言

近年来，关于国际贸易主题的文献成为国际问题以及经济学研究中的热点领域，在经济学前沿文献中占据重要位置。原因主要有四个方面：一是理论上异质性企业贸易理论（或称为新—新贸易理论）的出现和一系列颠覆性的后续研究占据理论创新的前沿。二是国际贸易的不断发展、对经济增长贡献的提高以及在国家相互之间关系中地位的上升，进一步提升了国际贸易研究的现实重要性。三是随着网络化和电子化的发展，全球价值链和跨境电子商务等国际贸易新业态不断发展，为国际贸易的研究提出了新问题。四是2008年全球金融危机之后，国际贸易的发展、贸易治理和协调成为重要议题。

在此背景下，全面梳理和总结近年来国际贸易国外文献的研究前沿，对于掌握国际贸易学术研究的方向具有重要价值。本著作收录了我们七年（2012~2018年）来对国际贸易国外学术前沿的关注、梳理和评论，以及其中非常重要的中国企业"出口—生产率悖论"和新—新贸易理论两个主题的文献综述。

纵观国际贸易国外学术文献，异质性企业贸易领域的研究和全球价值链的研究是两个前沿方向。异质性企业贸易从Melitz（2003）的经典理论文献开始，一直是国际贸易理论的前沿发展方向，从企业异质性角度分析和探寻企业的对外贸易行为选择及影响。异质性企业贸易文献大体上可以归纳为四个方面：一是异质性企业的贸易行为选择，包括出口选择、进口选择、出口产品价格和质量选择、出口市场选择、出口产品种类选择（多产品模型）、生产区位选择（跨国生产）、出口频率选择、贸易网络结构选择等，沿着纵向不断发展。二是异质性企业框架下分析贸易及贸易自由化的效应，重点是在加入或者放松一系列假设的条件下分析贸易的效应，如在信用约束、多产品条件下分析贸易自由化的影响等。三是在异质性企业的微观框架体系下分析其他外生冲击或者政策变动带来的影响。例如汇率变动、融资约束对异质性企业的影响，环境投资对企业出口的影响，政策不确定性的影响等。四是异质性企业贸易理论上的新拓展。例如对异质性多元化的扩展，用异质性企业模型拓展传统贸易理论等。全球价值链和生产分割、垂直专业化紧密联系，是国际贸易前沿研究方向之一，涉及问题主要包括全球价值链的度量、价值链的分工、国际生产组织、垂直专业化贸易、中间品贸易的模式与效应、企业的外包和一体化选择等。

2018年主要集中在异质性企业贸易、全球组织生产和全球价值链、世界贸易组织（WTO）与贸易规则、贸易与宏观经济、贸易成本以及其他领域。异质性企业贸易领域主要关注进出口贸易动态、进出口产品特征以及贸易模式选择；全球组织生产和全球价值链主要关注企业的国际生产组织模式选择、全球价值链对贸易的影响、价值链的风险管理、全球价值链和区域价值链的形成机制；世界贸易组织与贸易规则关注WTO多边贸易谈判中的原则和机制、原产地规则的效应；贸易与宏观经济关注贸易与经济增长、全要素生产率和宏观稳定；贸易成本关注基础设施、运输模式和信息技术对贸易成本的影响。

2017年国外国际贸易学术研究文献主要集中在传统贸易理论框架下的研究、异质性企业贸易、全球生产组织和全球价值链三个方面。传统贸易理论框架下的研究主要关注了贸易开放的效应、贸易与劳动力市场以及贸易争端与贸易保护。异质性企业贸易领域文献的重点在贸易自由化的效应、进出口贸易动态和出口产品的质量选择。全球组织生产和全球价值链文献主要关注了全球外包的边际、出口平台下的全球组织生产以及附加值贸易。

2016年国际贸易国外学术研究的前沿主要在异质性企业贸易领域以及生产分割和全球价值链。传统贸易框架下的研究也占据一定规模，但已经不是主体方向。异质性企业贸易领域的研究集中在异质性企业的贸易行为选择、贸易的效应以及其他因素对异质性企业的影响三个方面，传统贸易框架下的研究集中在贸易与增长、贸易与劳动力市场、区域贸易协定和贸易壁垒。

2015年国际贸易国外前沿研究文献的主要议题有六个：异质性企业贸易、贸易协定与贸易自由化效应、贸易成本与贸易壁垒、全球价值链与生产分割、贸易与劳动力市场以及贸易新现象及其解释。这些主题中，异质性企业贸易文献占主体地位，贸易协定与贸易自由化的效应、贸易成本和贸易壁垒、全球价值链是另外三个重要的研究主题。

2014年国际贸易国外前沿研究文献的主要议题包括六个方面：异质性企业贸易、全球价值链与生产分割、贸易福利与贸易自由化效应、贸易与劳动力市场、贸易谈判与协定以及贸易成本与贸易壁垒。其他的议题还有如：贸易新现象及其解释、贸易政治经济学、贸易与金融市场、贸易与气候环境、贸易不平衡、贸易弹性、贸易与空间经济学以及贸易与增长。这些主要的研究议题中，异质性企业贸易处于最主要地位，占据了文献的1/3多；贸易福利与贸易自由化效应、全球价值链与生产分割两类文献也处于重要位置。

2013年国外国际贸易领域的研究文献，重点研究主题有七个：异质性企业贸易、全球价值链贸易、贸易协定和贸易自由化的效应、引力模型的扩展和应用、贸易与劳动力市场、国际贸易新现象及解释、其他领域。其他领域的研究主题包括：传统贸易理论、贸易不平衡、世界贸易组织、贸易政策制定、贸易结构以及金融与贸易。在这些主要的研究主题上，异质性企业贸易、全球价值链贸易处于绝对主导地位，这两个方面的文献量占所有重要贸易文献的近一半。

2012年国外国际贸易学术研究的主要方向和学术前沿集中在新—新贸易框架下的理论扩展与实证发现，包含两个分支：其一是异质性企业的贸易行为与模式选择及其经济效应，涉及企业的出口行为选择、出口模式选择、出口产品种类选择、出口市场选择和出口产品质量选择等多方面；其二是异质性企业的生产组织行为选择，涉及全球生产网络、生产分割和垂直专业化分工，企业在外包和一体化之间抉择等。

生产率异质性和"出口—生产率"关系是最新前沿的异质性企业贸易理论核心假设和主要内容，几乎所有国家的企业数据实证分析结果都支撑理论的判断。但近年来的一系列中国工业企业层面数据实证研究结果却发现了"出口企业生产率显著低于内销企业"的事实,这与前沿理论的核心论断正好相反,被称为"出口—生产率悖论"。悖论给异质性企业贸易理论带来了挑战,对中国企业的二元出口模式提出了质疑,理论意义和现实意义重大。本书的综述从悖论在文献中的位置、"出口—生产率"关系、悖论的事实证据、悖论的解释等多方面层层递进地梳理了现有研究文献并提出了未来的研究思路和方向。

新—新贸易理论是国际贸易的最新理论前沿,其从微观层面分析企业的贸易和投资等国际化路径选择,以及外包和一体化等全球组织生产选择。国际化路径选择部分以 Melitz(2003)为基础,又称为异质性企业贸易理论;全球组织生产选择部分以 Antras(2003)为基础,又称为企业内生边界理论。综述按照这两个分支系统介绍和梳理了新—新贸易理论的研究文献,对比和评析了相关研究的结论与方法,并提出了未来的研究思路和方向。

目 录

第一章 2018年国际贸易国外学术前沿 …………………… 001
    第一节 引言 ………………………………………………… 001
    第二节 异质性企业贸易的研究 …………………………… 003
    第三节 全球组织生产和全球价值链 ……………………… 007
    第四节 世界贸易组织与贸易规则 ………………………… 008
    第五节 贸易与宏观经济及增长 …………………………… 010
    第六节 贸易成本 …………………………………………… 011
    第七节 其他领域 …………………………………………… 012
    第八节 小结 ………………………………………………… 014

第二章 2017年国际贸易国外学术研究前沿 ……………… 016
    第一节 引言 ………………………………………………… 016
    第二节 异质性企业贸易问题的研究 ……………………… 018
    第三节 全球组织生产和全球价值链的研究 ……………… 021
    第四节 传统贸易理论框架下的研究 ……………………… 023
    第五节 小结 ………………………………………………… 027

第三章 2016年国际贸易国外学术前沿 …………………… 029
    第一节 引言 ………………………………………………… 029
    第二节 异质性企业贸易研究 ……………………………… 032

第三节 生产分割与全球价值链 ······················· 036

第四节 传统贸易理论框架下的研究 ··················· 037

第五节 小结 ······································· 041

第四章 2015年国际贸易国外学术研究前沿 ············ 043

第一节 引言 ······································· 043

第二节 2015年国外国际贸易前沿的统计特征 ··········· 043

第三节 异质性企业贸易 ····························· 048

第四节 全球价值链、贸易协定和贸易自由化效应、贸易成本与贸易壁垒 ····· 051

第五节 其他领域 ··································· 053

第六节 小结 ······································· 054

第五章 2014年国际贸易国外学术研究前沿 ············ 056

第一节 引言 ······································· 056

第二节 2014年前沿领域分布和2012~2014年的变化 ······ 057

第三节 异质性企业贸易 ····························· 062

第四节 贸易福利与贸易自由化的效应 ················· 067

第五节 全球价值链与生产分割 ······················· 069

第六节 贸易与劳动力市场 ··························· 070

第七节 贸易谈判与协定 ····························· 071

第八节 贸易成本与贸易壁垒 ························· 072

第九节 其他领域 ··································· 073

第十节 小结 ······································· 074

第六章 2013年国际贸易国外学术研究前沿 ············ 076

第一节 引言 ······································· 076

第二节 异质性企业贸易 ····························· 080

第三节 全球价值链贸易 ····························· 084

第四节	贸易协定及贸易自由化的效应	085
第五节	引力模型的扩展和应用	087
第六节	贸易与劳动力市场	088
第七节	国际贸易新现象及其解释	090
第八节	其他领域	090
第九节	小结	092

第七章 2012年国际贸易国外学术研究前沿 094

第一节	引言	094
第二节	异质性企业贸易的研究	097
第三节	传统贸易理论的扩展及应用	100
第四节	垂直分工、生产分割理论	102
第五节	其他领域	103
第六节	现实热点贸易问题	106
第七节	小结	107

第八章 中国企业的"出口—生产率悖论"文献综述 109

第一节	引言	109
第二节	"出口—生产率悖论"在现有贸易文献中的位置	111
第三节	企业"出口—生产率"关系的研究文献	115
第四节	中国企业"出口—生产率悖论"的事实证据	130
第五节	"出口—生产率悖论"的原因解释	134
第六节	理论与现实思考及未来的研究方向	141

第九章 新—新贸易理论文献综述 146

第一节	引言	146
第二节	新—新贸易理论简述	147
第三节	出口、FDI和异质性企业的国际化路径	150

第四节　异质性企业全球组织生产抉择 …………………………………… 159
　　第五节　未来研究方向 …………………………………………………… 163

参考文献 …………………………………………………………………… 165
后记 ………………………………………………………………………… 211

第一章
2018年国际贸易国外学术前沿[①]

第一节 引言

2018年国外国际贸易学术研究的文献[②]主要集中在六个方面：一是异质性企业贸易，二是全球组织生产和全球价值链，三是世界贸易组织与贸易规则，四是贸易与宏观经济及增长，五是贸易成本，六是其他领域。从微观的企业异质性视角分析异质性企业贸易问题是当前国际贸易领域研究的前沿，2018年的文献主要关注了进出口贸易动态、进出口产品特征以及贸易模式选择等。全球组织生产和全球价值链是国际贸易学术研究的另一个前沿方向，2018年的文献关注了微观企业的国际生产组织模式选择、全球价值链对贸易的影响及国际传导、价值链的风险管理、全球价值链和区域价值链的形成机制。世界贸易组织与贸易规则是近年来随着全球贸易规则的变化以及世界贸易组织改革的发展逐渐变成重要研究主题，2018年的文献关注了WTO多边贸易谈判中的原则和机制、原产地规则的效应等议题。贸易与宏观经济增长是国际贸易领域的

[①] 中国社会科学院世界经济与政治研究所博士后马盈盈、博士生朱铭铮和黄蒙对本章的写作亦有贡献。

[②] 基于国外八种最有影响力的经济学和国际经济学期刊：*American Economic Review*、*Econometrica*、*Journal of Political Economy*、*Journal of Public Economy*、*Quarterly Journal of Economics*、*Review of Economic Studies*、*Review of Economics Statistics* 和 *Journal of International Economics*。

传统议题，2018年的文献重点关注了贸易与经济增长、全要素生产率和宏观稳定的关系。贸易成本也是国际贸易中的重要议题之一，2018年的文献主要关注基础设施、运输模式和信息技术对贸易成本的影响。其他领域的主题包括传统贸易理论的扩展、贸易与劳动力市场、新兴贸易问题等。

从文献在国外主要前沿期刊的分布上来看，领域内权威期刊《国际经济学期刊》（Journal of International Economics）发表的国际贸易论文最多，有42篇。综合性权威经济学期刊，《美国经济评论》（American Economic Review）发表的国际贸易论文数最多，为10篇；《经济统计学评论》（Review of Economics Statistics）发表国际贸易论文6篇；《经济研究评论》（Review of Economic Studies）发表国际贸易论文3篇；《政治经济学期刊》（Journal of Political Economy）发表国际贸易论文3篇；《经济学季刊》（Quarterly Journal of Economics）和《计量经济学》（Econometrica）发表国际贸易论文各1篇（见图1-1）。

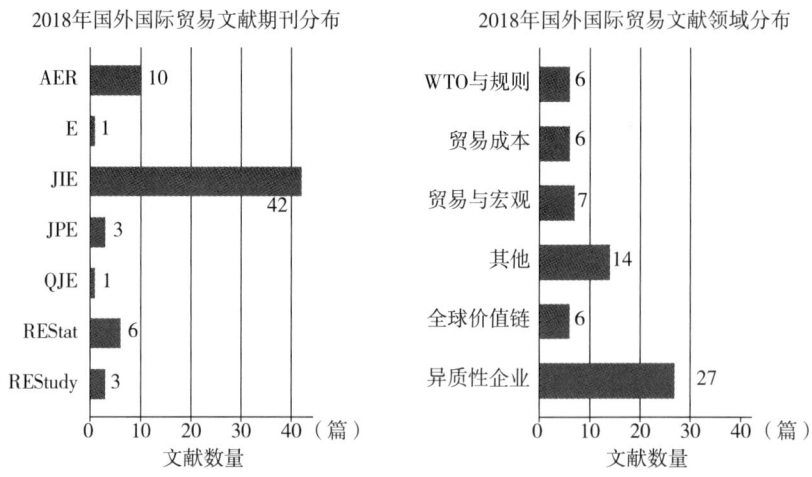

图1-1 2018年国外国际贸易文献的期刊和领域分布

注：AER是 American Economic Review 的缩写，JPE是 Journal of Political Economy 的缩写，QJE是 Quarterly Journal of Economics 的缩写，REStudy是 Review of Economic Studies 的缩写，REStatis是 Review of Economic Statistics 的缩写，JIE是 Journal of International Economics 的缩写。

资料来源：笔者计算整理。

从文献在研究领域的分布统计上来看，异质性企业贸易领域共有论文 27 篇，占总贸易前沿文献数的 40.9%；全球组织生产与全球价值链的文献有 6 篇，占总文献数的 9.1%；世界贸易组织与贸易规则的文献有 6 篇，占总文献数的 9.1%；贸易与宏观经济的文献有 7 篇，占总文献数的 10.6%；贸易成本的文献有 6 篇，占总文献数的 9.1%；其他领域文献有 14 篇，占总文献数的 21.2%（见图 1-1）。

第二节　异质性企业贸易的研究

异质性企业贸易理论从微观企业层面分析贸易行为的选择与效应，是国际贸易学术研究的前沿。2018 年异质性企业贸易的研究主题包括以下四类：异质性企业的贸易模式与贸易行为选择、异质性企业贸易行为的经济效应、异质性企业框架下的外生变动影响以及异质性企业贸易的拓展议题。其中，异质性企业的贸易模式与贸易行为选择是研究重点。

一、异质性企业的贸易模式与行为选择

2018 年的文献主要关注了异质性企业的进出口贸易动态、进出口产品特征选择以及进出口模式选择等。企业进出口动态的文献主要有：Li（2018）将供给和需求与出口动态结构模型相结合，通过使用中国陶瓷和玻璃企业对德国出口的数据来估算结构模型，发现企业的异质性同时表现在生产率和需求端两方面，但它们的重要性在不同企业中是有差异的。对于经验丰富的企业而言，生产率是出口参与的主要推动力；而对于潜在的国外市场进入者，需求却起着更重要的作用；并且生产高需求产品的新进入出口企业会更多向国外市场出口。Cruz 等（2018）使用了巴西独特的企业数据，分析计划对企业出口选择的影响，发现旨在提高中小企业竞争力的能力建设计划的影响是异质性的，拥有更高知识层次的企业更有可能成为出口商。Dickstein 和 Morales（2018）使用矩量不等式的

量化分析方法，发现较大的公司对外国的市场状况有更好的了解，更容易出口；当企业获得的信息更加充分时，出口量会上升，但出口商数量却会减少。Bernard 等（2018）构建了一个多样化出口和进口的决定模型，使用来自挪威的高度分解的贸易交易数据，分析买方和买方—卖方关系对企业进出口贸易选择的影响，发现企业获得供应商的机会对企业绩效和边际成本影响较大，从而决定了企业的进出口贸易选择。

异质性企业的进出口产品特征选择包括对产品价格、质量、市场、产品种类等的选择。主要文献有：Feenstra（2018）分析了贸易的福利来源结构，侧重分析了产品种类的内生扩张以及企业加价减少的效应，发现由于贸易促进了竞争、产品种类增加和企业加价减少，从而解释了贸易扩张导致福利增加。Bastos 等（2018）关注企业出口目的地收入水平对企业投入要素质量和价格的影响，发现出口到富裕国家的企业会提升产品的成本和质量，进而论证了基于收入的质量选择渠道：向更富裕的目的地销售，会引起企业提高生产商品的平均质量，并购买更高质量的投入品。Fieler 等（2018）将国际贸易与质量、技术和技能需求联系起来构建模型，并用哥伦比亚制造业企业的数据估算了模型，发现贸易壁垒的消除使得低质量企业降级，但高质量企业升级。Roberts 等（2018）使用 2002~2006 年中国 738 家出口鞋类企业的数据分析出口价格、数量和目的地的选择，结果发现边际成本和固定成本存在显著的异质性影响。Crballo 等（2018）主要研究了进口的市场结构，将买家的异质性这一条件放松，构建多国内生选择模型，发现了主要买家的存在，而且还根据市场规模和可达性，对出口目的地主要买家的相对重要性进行了具体预测。Parenti（2018）构建了一个混合市场结构模型，关注企业行为的差异对贸易自由化的影响，发现生产效率的异质性是大企业和小企业在均衡中共存的必要条件。Cosar 等（2018）探究了企业在本土市场优势的来源，并分析其对国际贸易和投资的影响，结果发现需求偏好才是本土市场优势的主要来源。Davies 等（2018）使用法国企业层面的数据，构建了一个包含企业内部和公平交易出口价格的企业—产品—目的地的数据库，分析企业出口和定价的决定因素，发现外国税收是企业内部价格的重要影响因素。

异质性企业进出口模式选择的文献主要有：Meinen 等（2018）根据倾向得分匹配方法，使用 1999~2008 年的丹麦微观企业数据实证分析了消费品进口对零售市场表现和结构的影响，发现消费品进口对于零售行业的表现和结构带来了大型零售商和零售连锁店的增长以及小零售商的退出。Bisztray 等（2018）使用匈牙利的企业数据估算通过进口产生的知识溢出效应，发现进口的社会多元化选择是异质的。

二、异质性企业贸易行为的经济效应

2018 年的文献主要关注异质性企业的贸易行为和自由化对企业利润、国家福利以及劳动技能的效应。主要文献有：Chakraborty 和 Raveh（2018）分析了贸易自由化对新技术的需求，发现发展中国家的进口投入在吸收新技术方面发挥着核心作用，投入贸易自由化比进口竞争更为突出。McCalman（2018）分析了特定假设下收入分配、福利与全球化之间的关系，发现贸易可以减少国内收入分配主导全球收入分配国家的扭曲，而放大国内收入分配被全球收入分配主导国家的扭曲。Lyon 等（2018）使用微观企业数据的实证分析表明，由于市场不完全和工人的保险不完善，对比较优势的不利冲击导致进口竞争行业的工人劳动收入损失。Kondo（2018）使用异质性企业贸易模型，在就业和跨地区贸易导致的失业之间建立内生关联，发现贸易政策带来总体福利改善，但增加了中期收入的不平等。Boler 等（2018）利用来自挪威制造业的 1996~2010 年的雇主—雇员匹配数据，实证分析了贸易开放如何影响性别不平等，发现出口与性别工资差距随着出口产出份额、服务市场数量和出口品种数量的增加而增加。Demir 和 Javocrik（2018）分析了企业面对全球化和贸易一体化冲击的调整措施，提出了一种新的调整方式，即贸易信贷。理论和实证分析的结果发现，全球化带来竞争导致企业降低价格和提供信贷。

三、异质性企业框架下的外生变动影响

2018 年的文献主要关注了贸易政策不确定性、贸易保护以及汇率等

外生变量冲击对贸易造成的影响，主要文献有：Fatum 等（2018）使用 2000~2011 年中国双边贸易的海关数据，分析了出口和进口市场中企业参与加工贸易的动态演进过程，发现以邻为壑的政策基础实际上是有效的，汇率对贸易流量的影响很大，货币贬值引起了出口增长和贸易不平衡的改善。Fitzgerald 和 Haller（2018）实证分析了微观企业进入和退出出口市场的决策和出口收入对从价关税和实际汇率变化的影响，发现企业对关税和汇率的反应模式有很大的差异，因此决策者应谨慎使用汇率工具。Crowley 等（2018）实证分析了关税税率的不确定性如何影响出口企业对外国市场的进入—退出决策，发现关税不确定性会从遭受新外国关税的企业扩散到将同一产品出口到其他目的地的企业。Ding 等（2018）使用了中国上市制造企业数据和 2004~2013 年的中国海关数据，实证分析了中国式机构制度特征如何影响企业出口，发现政治关联企业在合约密集型和财务依赖型行业中获得了比较优势，但由于管理效率低下，政治关系也对企业出口产生了不利影响。

四、其他拓展议题

异质性企业领域的其他拓展议题主要包括微观异质性的来源、进出口贸易弹性问题以及贸易与环境问题。主要文献有：Oberfield（2018）分析了微观异质性的来源，指出网络结构（中间投入品的供求方向）对加总生产率的影响。企业使用劳动力和一种中间投入进行生产，经济的均衡投入—产出结构，确定了单个企业和整体的生产率。当企业产出对中间投入的需要弹性较大时，明星供应商就会内生地出现，从而提高总生产率。Fontagne 等（2018）利用稳定水平的电力成本冲击来衡量出口价格，利用工具变量方法估计出口的三种国际价格的企业级价格弹性，指出了出口商在出口价格中吸收关税变化的重要性，并分析关税与汇率变化等价格调节工具影响贸易流量的机制。Soderbery（2018）使用联合国商品贸易统计数据库（UN Comtrade）《商品名称及编码协调制度》（HS）四位码的贸易数据对异质弹性进行了估计；发现弹性与国家规模、产品差异化程度、市场力量等因素有关。Shapiro 等（2018）在最近的贸易和环境分析的基础上，建立了一个异质性企业模型，发现环境监管的变化是企业减排的主要原因，而生产力的提高和贸易成本的作用相对较小。

第三节 全球组织生产和全球价值链

随着全球价值链生产模式的纵深发展，全球组织生产、生产分割和价值链的研究也不断推进。2018年的文献对微观企业的国际生产组织模式选择及动因、全球价值链对贸易冲击产生的经济影响的国际传导、价值链的风险管理、全球价值链和区域价值链的形成机制等问题进行了深入的探讨。

在全球组织生产和价值链形成方面，2018年的文献关注了企业在价值链形成中的生产决策、专业化分工选择及贸易自由化对国际分工的影响。主要文献包括：Arkolakis等（2018）构建了一个可量化的包含贸易和跨国生产的一般均衡模型，对传统的贸易与跨国生产的研究进行了扩展，分析表明专业化于创新的国家从开放中获益，而创新萎缩的国家福利受损；本国市场效应或比较优势导致一些国家专业化从事创新并将制造业生产活动外包给其他国家；跨国生产成本的下降或者中国融入世界经济会使得专业从事生产的国家受损。Fally等（2018）构建了垂直一体化国际供应链模型，对科斯的企业性质进行了更深入的分析和讨论。在每个链中，企业内部完成的任务量取决于交易成本和范围不经济之间的权衡。范围不经济是由于需要管理企业内过多的任务。决定企业规模的结构参数解释了供应链长度和总产出与增加值比率的变化，并决定了各个国家在供应链上和供应链间的比较优势。Aichele和Heiland（2018）分析了贸易自由化对促进全球和区域生产分工和生产网络形成的影响。文章假定中间品和最终品进口的贸易成本有差别，推导出测度增加值贸易的结构方程；利用校准后的模型进行反事实分析，指出中国2001年加入WTO是促进中国与邻国加强生产网络联系的重要推动因素。

全球价值链下贸易政策的效应方面，2018年的文献关注贸易冲击通过全球价值链对收入分配等的影响、贸易保护主义的效应、供应链的风险管理等问题。主要文献包括：Lee 和 Yi（2018）构建了综合比较优势、要素禀赋理论及罗伊劳动力自选择效应机制的新的量化模型，采用内生劳动力供给的多生产阶段 GVC 模式，校准和模拟的结果表明，全球价值链是贸易冲击影响贸易和就业不平等的重要传递机制。Vandebussche 和 Viegelahn（2018）对资源错配效应进行了研究，结果表明中间品进口关税的上升使得企业减少了对相应中间品的进口，并进一步导致使用这类中间品作为投入的产品的相对产量下降、价格上升。Gervais（2018）研究了投入品供应的不确定性对国际贸易模式的影响，文章采用类似于风险分散化的资产组合模型，构建了一个采购决策模型，规避风险的经理可以与多个供应商签订合同，以降低企业利润的可变性。模型预测企业将从低价格变异性供应商那里购买更大份额的投入，并且在具有高价格变异性的投入市场中，各供应商之间的投入需求分布更加分散。

第四节 世界贸易组织与贸易规则

近年来，经济全球化面临新挑战，全球贸易体系面临重构。对多边贸易规则及世界贸易组织谈判的研究是 2018 年国际贸易研究中的一个重要方向。2018 年的文献对 WTO 多边贸易谈判中的原则和机制、原产地规则的效应等问题进行了研究。

在对世界贸易组织研究方面，2018 年的文献关注多边贸易谈判中的机制和原则问题。对等是 WTO 的重要原则，但是如何体现和衡量对等，相关研究较少。Bagwell 和 Staiger（1995，2005）最先分析了对等原则及其效应，将对等定义为一国的进口额的变化与出口额变化相等，Raimondos 和 Woodland（2018）提出了新的以数量为基础的对等原则：所有国家同等比例的增加其净进口额，模型分析表明基于该原则所进行的多边关税谈判可以提高每个国家的福利。Nicita 等（2018）对世界贸易组织成员的关税制定与非合作情况进行了分析，文章采用政治经济模型，指出当各国不合作时,进口商的市场势力与关税水平正相关,这一发现与传统贸易理论得出的观点相同;当各国合作时,进口商的市场势力与关税水平呈负相关。实证研究发现,2/3 的 WTO 成员在关税制定方面是非合作的。Bayramoglu 等(2018)构建理论分析模型,指出通常情况下一国的补贴会恶化其他出口国的贸易条件,国际溢出效应会促使各方就削减补贴进行谈判。但这些效应在渔业中不存在:第一,渔业供应曲线是向后弯曲的,补贴(通过减少可持续捕捞)会提高价格,并改善其他出口商的贸易条件;第二,生态限制为可持续收获设定了上限,增加就业的补贴可能对产出没有影响,因此就不会产生国际溢出效应;第三,即使各国政府被迫减少渔业补贴,由于会采取针对渔业部门的其他法规替代,贸易伙伴可能也不会获得溢出效应。

在区域和多边贸易自由化及规则制定方面,2018 年的文献对原产地规则、世贸组织框架下的信息技术协定、中国加入 WTO 后的政策调整等问题进行了研究。Conconi 等(2018)分析了原产地规则对中间品贸易的影响,针对北美自由贸易协定附录 401 条款所规定的原产地规则,构建了与投入产出关系对应的原产地规则数据库,采用三重差分方法以更好地刻画中间品进口的态势,反映墨西哥进口的产品层面的趋势,实证分析结果表明 NAFTA 的原产地规则对非成员国有较强的贸易转移效应,如果没有 NAFTA 的原产地规则,则对区外相对于区内的进口将增长 45%,说明 NAFTA 的原产地规则违背了多边贸易规则,非成员国面临更高的保护水平。Gnutzmann-Mkrtchyan 和 Christian(2018)选取 WTO 框架下的信息技术协定(ITA)为例,分析了基于 WTO 最惠国待遇的"关税免除"政策对贸易模式的影响。利用后进国家作为被动签订者形成自然实验,使用 ITA 覆盖与否为区分标准的产品层面数据,用引力模型并纳入时间和产品维度发现 ITA 作为具有非歧视性贸易政策的代表,其对于贸易的影响具有显著的非线性相关性;完全的关税免除带来的贸易收益要远高于降低关税,尤其是对于中间品。Garred(2018)以中国加入 WTO 为例探究了在全球进口关税大幅下降的背景下,一国是否会采取其他贸易政策工具以维持贸易政策稳定性,发现中国在加入 WTO 后增加了出口限制措施。

第五节 贸易与宏观经济及增长

2018年这一领域的文献主要关注了贸易与经济发展、全要素生产率、宏观稳定的影响以及国际银行联系对出口模式的影响。文献包括：McCaig和Pavcnik（2018）使用越南家庭调查数据研究了贸易自由化对越南劳动力资源配置的影响，发现2001年美国、越南签订的双边贸易协定使美国对越南关税的大幅下降，促使越南劳动力资源在非正规小型企业与正规部门之间重新配置，其中正规部门就业的人数上升了5%，越南整体生产率提升。Caliendo等（2018）研究了一个行业生产率变化向其他经济部门传播中，部门间和区域间贸易联系的影响。利用美国地区和行业数据，计算出衡量全要素生产率、GDP和就业对地区和行业生产率变化的总体、地区和行业弹性，发现弹性的变化很大程度上取决于受影响的行业和地区以及经济的空间结构。Juhasz（2018）采用自然实验法估计了临时贸易保护对长期经济发展的影响，发现拿破仑战争（1803~1815年）期间与英国的贸易中，法国受贸易保护更好的地区的机械化棉纺生产能力增加的比那些更容易受到贸易影响的地区要大得多。Di Giovanni等（2018）使用1993~2017年法国企业层面的增加值及国际关联数据分析了国际经济周期联动的微观基础，结果表明国家之间的贸易，尤其是下游关联的贸易和跨国关联越多，经济周期联动性越强。Li（2018）研究了由于出口企业面临关税下调而导致的出口扩张对中国人力资本积累的影响。实证分析表明高技能出口冲击提高了高中和大学入学率，而低技能出口冲击降低了高中和大学入学率，区域产业专业化与技能形成之间存在相互促进的关系。Caballero等（2018）使用两国间具有互相跨境银团贷款的银行对数测度国家之间的银行联系，用引力模型对66个国家24年的贸易进行建模，发现银行间新连接会使这些国家之间的贸易量在第二年增加并使得进口竞争国发生贸易转移。新的银行联系对容易受到更多出口风险影响的行业的贸易具有更大的影响。Foellmi等

（2018）分析了由于南方劳动生产率、人口规模以及区域不平等的变化，导致南北差距的变化对国际产品周期的影响。

第六节　贸易成本

2018年的文献主要对基础设施建设、运输模式选择等对贸易成本的影响进行了分析。Donaldson（2018）使用档案数据构建了新的区域层面数据库，分析了英属印度铁路建设的影响，发现铁路建设降低了贸易成本和跨区间的价格差异，增加了区域间及国家间的贸易，提高了印度的实际收入和福利水平。Behrens等（2018）使用微观层面的商品流量数据和微观地理——厂商层面的数据，分析了运输成本对地理集聚的影响，发现低运输成本的行业在横截面维度上表现出更明显的地理集中度，降低运输成本可以集聚各行业。Ishikawa和Tarui（2018）将运输部门纳入标准的国际贸易模型，分析其对贸易和产业政策的影响。运输企业需要保证有足够的运输能力进行往返运输，可能会出现两个方向的运输量不平衡，被称为"回程问题"。由于运输企业试图避免这个问题，一个部门的关税可能影响到其他独立的进口和/或出口部门。故而给定回程问题，运输成本的内生变化导致进口自由化可能对一国出口产生积极影响。Cosar和Demir（2018）使用集装箱和散货运输模式选择的微观贸易数据，量化分析了集装箱技术对运输成本和贸易的影响，发现集装箱运输具有较高的每英里成本和较低的距离弹性，使其在较长的距离上具有成本优势。

信息技术与贸易成本的文献方面，Steinwender（2018）以1866年电报的使用对跨大西洋两岸棉花贸易的影响为历史实验方法，研究信息成本如何扭曲了国家贸易，发现电报的使用通过减少信息摩擦，缩小了跨大西洋两岸的棉花价格差异、提高了平均贸易额以及效率收益。Fan等（2018）建立了一个多区域的一般均衡模型来量化电子商务对国内贸易和福利的影响，采用中国电子商务平台的特有数据进行实证研究，发现电子商务的出现虽然在一定程度上挤掉了原本线下进行的城际贸易,但却增加了国内贸易总量。

第七节 其他领域

一、传统贸易理论扩展

2018年的文献主要关注了贸易弹性估计、引力模型等。在贸易弹性方面,国内和进口商品之间的宏观弹性往往小于不同进口来源国产品之间的微观弹性。Feenstra等(2018)利用匹配的美国生产与进口数据,以及Melitz模型得到的模拟数据,对阿明顿弹性进行了估计。发现多数商品的宏观弹性和微观弹性之间没有显著差异,但对少数商品即使在产品细化程度相同的情况下,微观弹性也显著更高。Hummels和Lee(2018)利用消费者支出调查数据构建了一个关于家庭支出的面板数据,来估计支出份额和需求的收入弹性。结果表明收入冲击的大小和分布对支出的影响在不同的贸易商品之间存在着显著的差异。

在引力模型方面,Chaney(2018)对贸易引力模型中距离的作用进行了深入分析,指出当厂商规模符合帕累托分布、厂商出口的平均平方距离是规模的递增幂函数,以及参数满足限制条件时,距离弹性为不变值;当厂商规模的分布遵循齐夫(Zipf)分布时,贸易与距离负相关。Jacks和Novy(2018)使用51个国家的总贸易流量、双边贸易流量以及产出数据,并用结构引力模型推导市场潜力,发现自20世纪30年代初以来全球所有地区的市场潜力都呈现出上升趋势,而且这一趋势与全球GDP的演变存在明显的背离。

二、贸易与劳动力市场

在贸易与劳动力市场领域,2018年的文献关注贸易自由化对就业的影响以及机制。Utar（2018）利用雇员与雇主匹配的数据，分析了低工资贸易冲击对高工资国家——丹麦的制造业工人的影响，中国加入WTO后，丹麦在多种纤维协议下取消了对中国产品的进口配额，利用这一政策变化作为准自然实验，并使用暴露在此冲击下的工人在行业内、职业内的异质性，从而得出因果效应，发现低工资贸易冲击会对收入和就业轨迹产生负面的长期影响。人力资本在贸易调整中具有重要作用，为工人通过教育来重建失去的人力资本提供了技能提升的依据。Kehoe等（2018）通过构建包含跨时贸易、体现储蓄过剩的开放经济动态一般均衡模型，分析了美国贸易失衡、结构变化和劳动力就业问题。美国1992~2012年商品部门就业下降主要是由于其商品部门劳动生产率快速提升所引发的，其中仅仅15.1%是由贸易逆差引起。事实估计的结果表明，即使美国偿还债务，贸易失衡得以扭转，但商品部门的就业仍将下滑。Kondo（2018）利用美国贸易调整援助（TAA）计划的官方数据，发现在受贸易自由化冲击之后，在生产率较低区域就业下降和收益损失的影响更大，当劳动力没有充分流动时，即使美国总体的就业和福利增加，但贸易冲击产生的各地区的收益差距和不平衡在加大。

三、新兴贸易问题

第一，零售与贸易。零售商的价格加成在国际市场的作用是近年来国际贸易领域关注的问题之一。Cole和Eckel（2018）分析了零售商的价格加成对国际贸易政策传导的影响。传统观点认为，对进口商品加征关税可以提高外国产品相对价格，进而提高国内替代品的需求，保护国内产业。文章得出了不同的结论，发现制造和批发价格的变化可以被零售价加成的变动来抵消或主导。第二，移民对贸易的影响。Ottaviano等（2018）采用英国的微观数据，探究了移民与服务生产和进出口贸易的关系，发现移民具有对服务外包的替代效应，会减少服务进口，通过生产率效应增加总出口以及信息效应增加对移民来源国的出口。第三，贸易与媒体宣传。Lu等（2018）基于1998~2012年147家美国地方报纸的数据分析，对进口冲击与受冲击当地的媒体倾向性报道的关系进行了实证研究，发现进口中国商品较多的地区发行的报纸会报道更多关于中国的负面消息。第四，"零出口"现象和问题。Hepenstrick 和 Zweimuller（2018）分析了"零出口"的问题，指出进口国的人均收入是"零出口"的主要决定因素。

第八节　小结

以上从异质性企业贸易、全球组织生产和价值链、世界贸易组织与贸易规则、贸易与宏观经济、贸易成本以及其他领域共六个方面系统梳理了 2018 年的国外国际贸易文献。比较而言，异质性企业贸易的文献最多，居于前沿主体地位。

在异质性企业贸易领域，异质性企业的贸易模式和行为选择、异质性企业贸易行为的经济效应是两个主要方向，而异质性企业框架下外生变动的影响、拓展议题的文献略少。在异质性企业的贸易模式和行为选择领域，重点是进出口贸易的动态、进出口产品特征选择以及进出口模式选择。在异质性企业贸易行为的经济效应领域，重点是异质性企业的贸易行为和自由化对利润、国家福利和劳动技能的效应。在异质性企业框架下外生变动的影响领域，重点是贸易政策不确定性、贸易保护以及汇率等外生变量冲击对贸易的影响。其他拓展领域包括微观异质性的来源、进出口贸易弹性以及贸易与环境等。

在全球组织生产和全球价值链领域，重点是企业的国际生产组织模式选择及动因、全球价值链对贸易冲击产生的经济影响、价值链的风险管理、全球价值链和区域价值链的形成机制。在世界贸易组织与贸易规则领域，重点是 WTO 多边贸易谈判中的原则和机制，原产地规则的效应。贸易与宏观经济领域，重点是贸易与增长、全要素生产率、宏观稳定的关系。贸易成本领域的重点是基础设施、运输模式和信息技术对贸易成本的影响。

其他领域包括三个方面：一是传统贸易理论的扩展，重点是贸易弹性估计和引力模型；二是贸易与劳动力市场，重点是贸易自由化对就业的影响及其机制；三是新兴贸易问题，包括零售与贸易、移民对贸易的影响、贸易与媒体宣传以及"零出口"问题等。

第二章

2017年国际贸易国外学术研究前沿

第一节 引言

2017年国外国际贸易学术研究的文献前沿[①]主要集中在三个方面：一是异质性企业贸易，二是全球生产分割和全球价值链，三是传统贸易理论框架下的扩展。从微观的企业异质性视角分析贸易问题的异质性企业贸易是研究前沿的核心，2017年的文献主要关注贸易自由化的效应、进出口贸易动态和出口产品的质量选择。全球组织生产、生产分割以及全球价值链问题一直是近年来国际贸易研究的理论前沿之一，2017年的文献关注了全球外包的边际、出口平台下的全球组织生产、附加值贸易等。传统贸易理论的研究主要是基于古典、新古典或者新贸易理论的框架体系进行扩展或者对新的贸易话题开展研究，2017年的文献关注了贸易开放的效应、贸易与劳动力市场以及贸易争端与贸易保护。比较而言，异质性企业贸易与传统贸易理论框架下的研究集中了主要的文献。

从文献在国外主要前沿期刊的分布来看，领域内权威期刊《国际经济学期刊》（*Journal of International Economics*）发表的国际贸易论文最多，有41篇。综合性权威经济学期刊中，《美国经济评论》（*American*

---

① 基于国外八种最有影响力的经济学和国际经济学期刊：*American Economic Review*，*Econometrica*，*Journal of Political Economy*，*Journal of Public Economy*，*Quarterly Journal of Economics*，*Review of Economic Studies*，*Review of Economics Statistics* 和 *Journal of International Economics*。

Economic Review）发表的国际贸易论文数最多，为 7 篇；《经济研究评论》（*Review of Economic Studies*）发表国际贸易论文 4 篇；《经济学季刊》（*Quarterly Journal of Economics*）和《政治经济学期刊》（*Journal of Political Economy*）发表国际贸易论文各 3 篇；《经济统计学评论》（*Review of Economics Statistics*）发表国际贸易论文 1 篇（见图 2-1）。

从文献在领域的分布统计上看，传统贸易理论框架下的研究文献 32 篇，异质性企业贸易领域共有论文 19 篇，全球价值链和生产分割的文献 8 篇，分别占总共 59 篇文献的 54.2%、32.2% 和 13.6%。具体到异质性企业领域，贸易和贸易开放的效应文献有 8 篇，异质性企业的贸易行为选择文献有 7 篇，异质性企业框架下外生变动的影响文献有 4 篇。具体到传统贸易理论框架下的研究，贸易开放的效应文献有 6 篇，贸易与劳动力市场的文献有 4 篇，金融与贸易、传统贸易理论的扩展以及贸易争端和保护文献各有 3 篇，跨境电商贸易的文献有 2 篇，其他领域文献有 11 篇（见图 2-1 和图 2-2）。

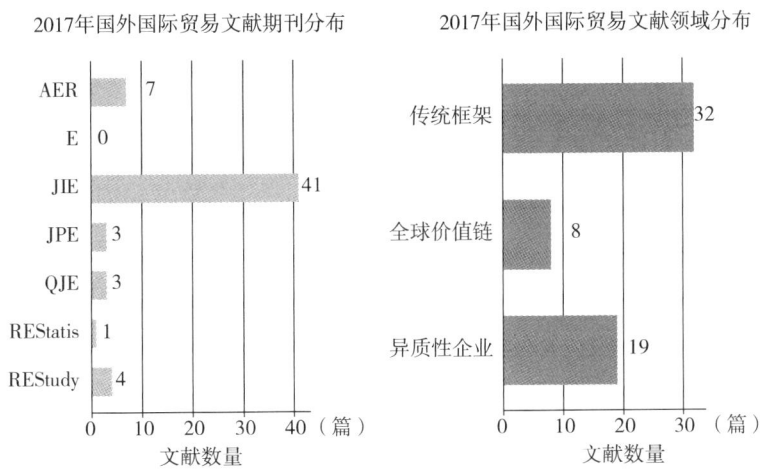

图 2-1　2017 年国外国际贸易文献的期刊和领域分布

注：AER 是 *American Economic Review* 的缩写，JPE 是 *Journal of Political Economy* 的缩写，QJE 是 *Quarterly Journal of Economics* 的缩写，REStudy 是 *Review of Economic Studies* 的缩写，REStatis 是 *Review of Economic Statistics* 的缩写，JIE 是 *Journal of International Economics* 的缩写。

资料来源：笔者计算整理。

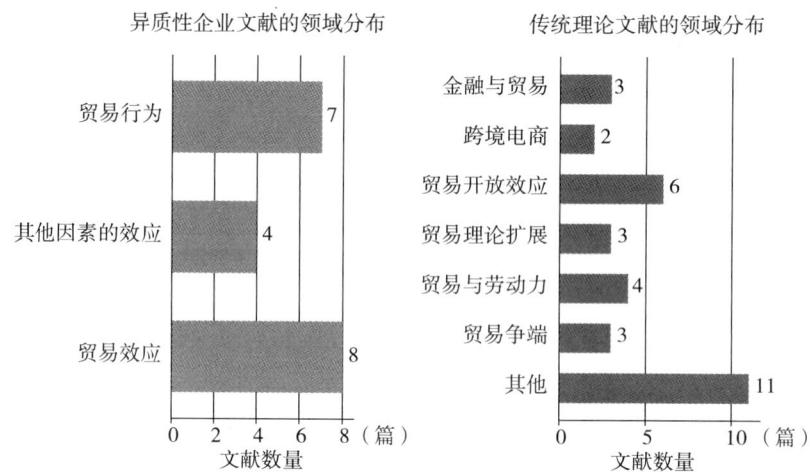

图 2-2 2017 年国外国际贸易文献的细分领域分布

资料来源：笔者计算整理。

第二节 异质性企业贸易问题的研究

异质性企业贸易理论被称为是新—新贸易理论的主要研究方向之一，是从微观企业的视角分析贸易行为的选择和效应，是国际贸易学术研究的最新前沿。文献主要可以归纳为三个方面：一是以生产率差异等企业异质性视角分析企业的贸易行为选择，如企业的出口选择、出口质量选择、出口价格选择、进口选择以及出口市场选择等；二是从企业层面分析贸易和贸易自由化的效应，包括贸易对企业生产率的影响、贸易对要素市场和价格的影响、贸易对企业研发的影响等；三是在异质性企业的理论框架下分析外生变动带来的经济影响，例如汇率变动、政策不确定性、贸易保护措施等带来的影响。2017 年有关异质性企业贸易问题的研究文献主要集中在贸易和贸易自由化的效应、异质性企业的贸易行为选择两个部分，异质性企业框架下外生变动带来的经济影响领域的文献略少。

一、异质性企业贸易行为选择的研究

2017年的文献主要关注了进出口贸易动态、企业的出口产品质量选择、企业出口模式选择，以及企业的出口支付方式选择等。进出口动态方面的文献有：Bernard 等（2017）关注了企业在一年中的不同月份开始出口（例如有的1月份开始出口，有的12月份开始出口），而在年度贸易量的统计上并没有进行调整对于出口量和增长速度核算带来的偏误，对部分月份效应（Partial-Year Effect）问题进行调整之后的贸易统计结果发现，企业第一年出口量低估了54%，而第一年出口增长率高估了112%。Ramanarayanan（2017）建立了一个异质性生产企业的中间品进口贸易模型分析企业的进口动态选择，在已有进口商和新进口商之间的选择，发现进口模式的不可逆性影响了企业的贸易选择。

部分文献关注了企业出口产品的质量，如 Dingel（2017）从理论和实证两个层面解释了为什么高收入国家会出口高质量的产品；一方面的机制是本地需求决定了专业化的模式进而高收入国家会生产和出口高质量的产品，另一方面的机制是要素比例模型说明技能密集型和高收入国家将出口技能密集和高质量产品。多产品企业的产品质量选择也是质量选择的一个方面，Manova 和 Yu（2017）构建了一个灵活的异质性企业贸易模型分析企业的多产品质量选择，发现企业使用不同质量的生产投入品来确定产出的产品质量，在生产的产品种类较少的市场，企业会主要关注核心种类产品而减少低质量产品的生产。

政策的不确定性对贸易和福利的影响方面，Handley 和 Limao（2017）在一般均衡框架的企业进入投资模型中分析了政策不确定对企业贸易、价格和收入的影响，以2001年中国加入世界贸易组织带来的出口扩张为例，发现加入 WTO 降低了美国贸易战对中国的威胁力度，下降的政策不确定性降低了美国的价格而增加了消费收入，进而中国出口大幅增长。异质性企业的出口模式选择也是文献的一个方向，Bai 等（2017）分析了企业的直接出口和通过中间商间接出口的不同选择，构建和估计了一个动态离散选择模型，引入了"出口学习"效应、固定沉没成本等，结果发现直接出口下的需求和生产率变动更大，中国加入世界贸易组织后直接出口的释放提高了企业出口参与度 26%~33%。企业的出口支付方式选择也是一个关注点，Niepmann 和 Eisenlohr（2017）分析了企业在进出口支付中的信用证和跟单托收选择，发现支付风险增加会导致企业更倾向于信用证支付，2007~2008 年的金融危机促进了企业更多地使用信用证。

二、企业层面贸易和贸易自由化的效应

2017 年的文献分析了贸易和贸易自由化对企业绩效的效应、对企业利润以及国家福利的效应以及对劳动技能溢出的效应等。主要文献有：Brandt 等（2017）分析了贸易自由化对中国制造业企业利润和生产率的影响，结果发现出口关税的下降会降低利润但提高生产率，效率提升主要作用于新进入企业，同时进口关税的下降能够提高利润和生产率。Feenstra 和 Weinstein（2017）在一个垄断竞争的模型基础上估计了全球化和贸易自由化对企业溢价的影响，进而对美国福利的影响。结果发现 1992~2005 年美国进口份额增加和美国企业退出，带来了企业利润的减少但产品种类的增加，结果带来美国福利提升了大约 1%。Burstein 和 Vogel（2017）将企业和行业的技能密集度差异引入一个标准的国际贸易模型，分析了国际贸易对劳动技能溢价的影响，发现贸易成本的下降促使要素向一个国家的比较优势产业部门流动，以及要素流动到行业内的高生产率和技能密集企业，提高所有国家的技能溢价，实证结果也支撑理论发现。Atkin 等（2017）使用埃及地毯厂商进入国外市场的随机试验以及调查数据分析了出口对企业绩效的影响效应，发现出口企业显示了 16%~26% 的更高利润和质量。Helpman 等（2017）从企业层面分析了贸易对工资离散度的影响，发现多数的总体工资不平等源于行业—职业层面，以及企业雇佣规模和贸易参与程度。Naito（2017）构建理论模型分析了异质性企业的资源再分配效应如何让单边贸易自由化影响长期的经济增长和福利，发现单边贸易自由化可以增加平衡增长率，进而提高福利水平，但长期内的福利不一定能够提高。Nigai（2017）使用企业层面数据分析了企业生产率的分布对贸易获益的影响，指出对数正态分布的生产率会低估获利而帕累托分布无法刻画生产率的左侧形状。Chen 等

（2017）使用中国企业数据实证分析了投入品的贸易自由化对企业高技能和低技能劳动者收入不平等的影响，发现显著地增加了收入的不平等。

三、异质性企业框架下外生变动的影响

2017年的文献关注了贸易政策不确定在异质性企业框架下带来的影响、进口促进政策对异质性企业的影响、贸易政策和保护对异质性企业的影响等。主要文献有：Feng等（2017）使用中国企业—产品层面的数据实证分析了减少贸易政策的不确定性对企业出口行为选择的影响，发现同时引起企业的进入和退出出口市场，以较低价格供给高质量产品的企业进入出口，而以较高价格供应较低质量产品的企业退出出口市场。Broocks和Biesebroeck（2017）使用企业层面数据实证分析了出口促进措施对企业进入出口市场选择的影响，发现对经济规模小国，企业更加倾向于出口并且政府也倾向于采用出口促进措施，并且这些出口促进措施显著提高了企业的出口倾向。Demodova（2017）构建理论模型分析了贸易保护政策的选择及对企业利润的影响，发现在异质性企业、内生性工资、不可分解的二次效用的垄断竞争贸易模型中，内生的最优进口关税为正，说明贸易保护是有利的，而降低成本型的贸易壁垒总是有利的。Bas等（2017）分析了异质性企业贸易框架下的贸易弹性异质性，提供了一个与理论一致的度量国家层面弹性的方法，并且实证对需求层面和供给层面的弹性都进行了度量，指出微观数据是度量加总弹性的基础。

第三节 全球组织生产和全球价值链的研究

全球组织生产、生产分割和价值链是近年来国际贸易研究中的另一个前沿方向，较多的文献都是从异质性企业角度分析跨国企业全球生产组织的选择、外包和一体化的选择、不同国家生产的选择等。由于引入了企业的异质性，这一部分文献也被归类为新—新贸易理论的另一个分

支——异质性企业全球组织生产抉择。但这一领域也有一部分文献是在传统理论框架下分析跨国企业的生产分割问题,并分析与此相连的全球价值链和附加值贸易等。

在全球组织生产和外包方面,2017年的文献关注了多国外包的选择、跨国企业的生产选址、离岸外包的影响、区域进口外包的不同选择等。代表性的文献包括:Antras等(2017)构建了一个可以计算的多国外包模型,企业依据生产率和国家层面变量自选择进口,结果发现企业自选择进口与起源市场有较强的互补性。Tintelnot(2017)检验了跨国企业的生产和选址抉择以及福利,建立了一个包含出口平台的可计算多国一般均衡模型,校准和模拟的结果揭示,跨国企业对技术提高在国家之间传递发挥了重要作用。Cravino和Levchenko(2017)探索了跨国企业如何传递国际经济周期,结果发现国外分支企业和总部企业之间存在增长的高度协同性,同时来源国的冲击对于企业的销售增长影响显著;由于双边跨国生产的比例较小,单个国家组合之间的相互依赖性较低。Monarch等(2017)使用微观企业的大样本数据实证分析了离岸外包对本国内企业的就业、产出、工资和生产率的影响,发现外包的企业规模更大、存活的时间更长且更倾向于出口;但外包之后的即刻效应是就业减少、产量下降和资本减少,但资本和技能的密集度提高。Head等(2017)实证分析了中国城市的进口外包选择,发现买方的异质性是进口外包的主要决定因素,而供给层面解释了44%的城市外包选择的差异。

在全球价值链及附加值贸易方面,2017年的文献主要关注了世界增加值贸易的状况、全球价值链的组织和价值链上下游保护的相互影响。代表性文献有:Johnson和Noguera(2017)使用贸易、生产和投入数据分析了1970~2009年世界增加值贸易的现状,发现增加值贸易相对于总贸易的比重下降了10%,制造业企业的比重下降了20%,但非制造业部门的比重上升;并且不同国家和不同贸易伙伴的比重下降变化存在差异:高速增长的国家下降更多,临近贸易伙伴和签署有区域贸易协定的国家下降更多。Prete和Rungi(2017)从企业层面分析了全球价值链的组织,使用一个包含4000个制造业母公司,在全球150多个国家有90000分支的样本,发现垂直一体化的选择主要考虑供应商在价值链中的位置以及最终产品生产者的需求弹性相对规模,但需求弹性在垂直一体化选择中的作用不明显,价值链上中游和下游母公司更倾向于选择一体化。Erbahar 和 Zi(2017)从理论和实证两个方面分析了对中间投入品生产商的保护是否会引起价值链上下游企业的保护诉求,结果发现了显著正向的影响。

第四节 传统贸易理论框架下的研究

传统贸易理论框架下的研究是指在古典、新古典和新贸易理论的框架下对贸易领域问题进行研究,包括对理论的扩展和对现实问题的分析。2017 年该领域的文献集中在以下几个主题:贸易和贸易自由化的效应、贸易与劳动力市场问题、贸易争端和贸易保护问题、传统贸易理论的扩展、金融与贸易问题、跨境电子商务贸易、贸易与环境问题、贸易政治经济学、贸易谈判与贸易协定以及其他问题。

一、贸易和贸易自由化的效应

2017 年的相关文献关注了贸易自由化对经济发展劳动力市场要素价格和福利、贸易组织形式的影响等。主要文献包括:Pascali(2017)分析了 1870~1913 年第一次贸易全球化对经济发展的影响,发现当时蒸汽船的使用降低了贸易成本,改变了世界贸易的模式,世界仅有一小部分国家受益于贸易一体化,全球化是 1850~1900 年贫穷和富裕国家经济离散的主要动因。Carneiro 和 Kovak(2017)分析了贸易自由化对巴西本地劳动力市场的影响,发现存在大幅关税减让的地区的正式产业就业和收入相较其他的地区会下降,关税下降 20 年对区域收入的影响是关税下降 10 年的三倍。Grossman 等(2017)分析了国际贸易的匹配、分类和分配效应,构建了一个两个行业和两个要素的贸易模型,生产率代表了管理者和工人的生产能力,随后分析了贸易环境变化对分类、匹配、工资和薪水分布的影响。Adao 等（2017）在新古典国际贸易模型的基础上构建了一个非参数反事实预测系统，分析发现贸易成本的变化会引起贸易要素内容、要素价格和福利的变化。Swiecki（2017）从理论和实证两个方面分析了存在产业内扭曲和要素错配的情况下贸易的福利效应，发现低劳动边际产出的净出口行业的贸易获益较大，最优进口关税保护的获益是主要的贸易利得来源。Brandit 和 Morrow（2017）分析了中国不断削减的进口关税水平对一般贸易和加工贸易出口模式的影响，以及带来的效应。实证结果发现，关税下降增加了一般贸易的比重。

二、贸易与劳动力市场

2017 年贸易与劳动力市场领域的文献关注了贸易与不平等及福利、贸易与人力资本投资、贸易与跨代职业流动、贸易与技能收益。主要文献包括：Antras 等（2017）从理论和实证两个方面检验了贸易开放增加总收入，但也提高收入不平等的命题，这里再分配效应需要通过一个扭曲的收入税收转移系统来实现。实证结果发现，贸易引致的不平等侵蚀了约 20% 的贸易获益，如果采取了收入税收转移机制，贸易获益将增加 15%。Blanchard 和 Olney（2017）分析了人力资本投入的宏观决定因素，实证探求了生产模式的变化对教育成绩的影响，结果发现低技能密集型出口降低了平均教育成绩，且高技能密集型出口提高学校教育。Ahsan 和 Chatterjee（2017）检验了贸易开放对印度城市的代际职业流动的影响，发现生活在印度城市里并且在受到贸易开放影响的行业，儿子的工作职位比父亲更好的可能性更大。Danziger（2017）构建和校准了一个动态一般均衡贸易模型并引入了内生的技能需求和供给，分析贸易壁垒下降的效应，发现美国整体收益提高了 4.5%，单个工人的收益取决于其教育程度、年龄和出生背景。

三、贸易争端和贸易保护

2017 年这一领域的文献关注了政治选举对贸易争端的影响、贸易不平衡性争端和福利影响效应、要素禀赋与贸易政策偏好等。主要文献有：Conconi 等（2017）使用 1995~2014 年的美国数据实证分析了选举激励对于贸易争端的影响，发现美国总统更加倾向于在连任选举年发起贸易争端保护重要选票州的相关产业；同时构建了模型解释了实证现象。Epifani 和 Gamcia（2017）在一个两部门垄断竞争模型中分析了贸易不平衡摩擦的福利效应，不同于传统理论认为的贸易不平衡会恶化顺差国的贸易条件，贸易顺差会带来顺差国汇率的升值，进而改善了贸易条件并提高福利。Jakel 和 Smolka（2017）在一个新古典的赫克歇尔—俄林理论框架下分析了贸易政策的分布效应，实证结果发现技能要素禀赋充裕的国家通常更加倾向于贸易和开放。

四、传统贸易理论的扩展

2017 年这一领域的文献关注了比较优势理论的发展、内生比较优势理论的贸易获益以及显示性比较优势理论。主要文献有：Arezki 等（2017）在比较优势的理论框架下分析了相对要素价格的变化对贸易的影响，以美国页岩气革命带来的天然气相对价格变化来做实证分析，发现美国制造业的出口增长了 10%，扩展的边际和集约的边际都有增长。Chatterjee（2017）从内生相对比较优势理论分析了在开放经济条件下，相似国家选择不同政策的机制；在一个两国模型中，政策影响贸易模式，均衡中对称的国家选择了不对称的政策。French（2017）应用一个广泛使用的定量贸易模型来评估显示性比较优势理论在学术和政策分析中的有用性，发现通常使用的显示性比较优势指标与比较优势的理论不相符，但在揭示一个国家的基本比较优势模式、评估贸易壁垒的不同效应以及识别同一市场里的竞争伙伴等方面具有价值。

五、金融与贸易问题

2017 年这一领域的文献主要关注了银行对出口模式的影响、外部贸易不平衡和金融、金融不完全与国际贸易等。主要文献有：Niepmann 和

Eisenlohr（2017）实证分析了信用证的使用对美国出口的影响，发现一个标准差的信用证供给减少将负向影响美国向这个国家的出口下降1.5%，尤其是对经济规模小而且银行机构不发达的国家。Evans（2017）构建了一个新的模型模拟美国在过去60年的外部不平衡发展状况，揭示通过价值机制传导的外部冲击是外部失衡动态变化的主要因素，解释了80%的不平衡。Crino和Ogliari（2017）实证分析了金融不完全对国家和产业的产品质量的影响，结果发现跨国的金融摩擦差异和跨行业的金融脆弱性是产品质量差异的决定因素。

六、跨境电子商务贸易

跨境电子商务在近年快速发展，逐渐成为国际贸易领域的重要议题，相关研究正在进展中。2017年的主要文献有：Johnson（2017）分析了网上销售价格的确定，给出了一个不完全竞争条件下分析市场垂直关联的模型，发现税收分摊对能够分摊税收的企业很有吸引力，但通常会导致企业零售价格恶化；当一个市场从批发模型转变为代理人模型时，零售商会决定税收分摊而供应商确定零售价格，这解释了网上零售价格的确定为何通常采取代理人模型。Condorelli等（2017）建立了一个动态网络博弈模型分析网络上的电子商务双边贸易，发现均衡价格是时间单调的，但交易价格是随着时间变化不断下降的。

七、其他领域的研究

第一，贸易与环境问题。Larch和Wanner（2017）构建了一个多行业和多要素的结构性重力模型分析了碳税对贸易、福利和碳排放的影响。Cherniwchan（2017）以北美自由贸易区的建立对二氧化硫和PM10排放的效应为例分析了贸易自由化对环境的影响。第二，贸易的政治经济学。Du等（2017）使用高频的月度数据实证分析了政治关系对贸易的影响。Zissimos（2017）建立理论模型分析了政治制度对经济效率的影响，以及专政制度如何操纵贸易政策来应对全球价格冲击。第三，贸易谈判和贸易协定。Lake 和 Roy（2017）分析了贸易谈判如何影响了全球贸易自由化。Buzard（2017）从理论上分析了自我实施的贸易协定和游说的关系。第四，还有一些零星的文献分析了其他问题，如 Kulish 和 Rees（2017）分析了贸易条件，Bonfatti（2017）分析了殖民地贸易，Ohashi 和 Toyama（2017）分析了并购对出口贸易的影响，Palangkaraya 等（2017）分析了专利对贸易的影响，Beverelli 等（2013）分析了服务贸易政策对制造业生产率的影响。

第五节　小结

本章从异质性企业贸易、全球组织生产和全球价值链以及传统贸易理论框架下的分析三个方面梳理了 2017 年的国外国际贸易文献。比较而言，异质性企业贸易和传统贸易理论框架下的分析占据主体地位，全球组织生产和价值链的文献较少。

在异质性企业贸易领域，异质性企业的贸易行为选择、贸易和贸易自由化的效应是两个主要方向，而异质性企业框架下外生变动的影响文献略少。在异质性企业的贸易行为选择领域，重点是进出口贸易的动态、企业的产品质量选择、企业的出口模式选择、异质性企业的出口支付方式选择。在异质性企业框架下的贸易自由化效应领域，重点是贸易开放对企业绩效、企业利润、国家福利、劳动技能溢出的影响效应。在异质性企业框架下外生变动的影响领域，重点是贸易政策不确定、进口促进政策、贸易保护政策等对异质性企业的影响。

在全球组织生产和全球价值链领域，生产组织文献主要关注了多国外包的企业进口选择、跨国企业的生产选址、跨国生产的国际经济周期传递、离岸外包的影响、进口外包选择等，全球价值链文献主要关注了增加值贸易的现状、全球价值链的组织和价值链上下游保护的相互传递等。

传统贸易理论框架下的研究重点在贸易自由化的效应、贸易与劳动力市场、贸易争端和贸易保护、传统贸易理论的扩展、金融与贸易、跨境电子商务等方面。在贸易自由化效应领域，重点是贸易自由化对经济发展的影响、对劳动力市场的影响、对要素价格和福利的影响、对贸易组织形式的影响等。在贸易与劳动力市场领域，重点是贸易与不平等、贸易与人力资本投资、贸易与代际职业流动、贸易与劳动技能收益等。在贸易争端与贸易保护领域，重点是政治选举对贸易争端的影响、贸易不平衡争端和福利、要素禀赋和贸易政策偏好等。在传统贸易理论的扩展领域，重点是比较优势理论的发展、内生比较优势的贸易获利、显示性比较优势理论。在金融与贸易领域，重点是银行对出口模式的影响、外部贸易不平衡与金融、金融不完全与国际贸易等。在跨境电子商务贸易领域，重点是网上销售价格的确定、电子商务贸易模型的构建等。

第三章

2016年国际贸易国外学术前沿

第一节 引言

2016年国际贸易学科国外研究的前沿主要是在异质性企业的理论框架下分析国际贸易的问题,包括企业的贸易行为选择、贸易与贸易自由化的效应以及异质性企业框架下分析贸易政策对企业的影响。全球价值链和生产分割的研究也是一个重要的前沿方向,包括在异质性企业框架下的分析和传统框架下的分析两个方面。另外,在传统的古典、新古典以及新贸易理论的框架下分析贸易问题的文献也具有相当规模,涉及的主要议题包括贸易与增长、贸易与劳动力市场、区域贸易协定,以及贸易成本和贸易壁垒等。

本章选择八大国际前沿期刊[①]在2016年发表的国际贸易研究论文作为样本进行分析。从发表论文的期刊统计看,领域内顶级刊物《国际经济期刊》(Journal of International Economics)发表的国际贸易文献最多,共有35篇;综合性经济类顶级刊物《美国经济评论》(American Economic Review)发表的国际贸易论文数量位列第二,有6篇;《经济研究评论》(Review of Economic Studies)发表国际贸易论文4篇;《经济

[①] 本章选择的八种最主要的经济学和国际贸易领域前沿国际期刊为:American Economic Review, Econometrica, Journal of Political Economy, Quarterly Journal of Economics, International Economic Review, Review of Economic Studies, Review of Economic and Statistics 和 Journal of International Economics。

学季刊》(Quarterly Journal of Economics)发表国际贸易论文3篇(见图3-1)。

从发表论文的领域统计看,异质性企业贸易领域发表的文献共22篇,传统贸易理论框架下的研究文献22篇,全球价值链和生产分割的文献9篇,分别占53篇总文献的41.5%、41.5%和17%。具体到异质性企业领域,异质性企业的贸易行为选择文献有9篇,其他因素对异质性企业的影响文献6篇,贸易和贸易开放的效应文献5篇,而其他2篇。具体到传统贸易理论框架下的研究,贸易与增长、贸易与劳动力市场、区域贸易协定和贸易壁垒文献各有4篇,其他6篇(见图3-1和图3-2)。

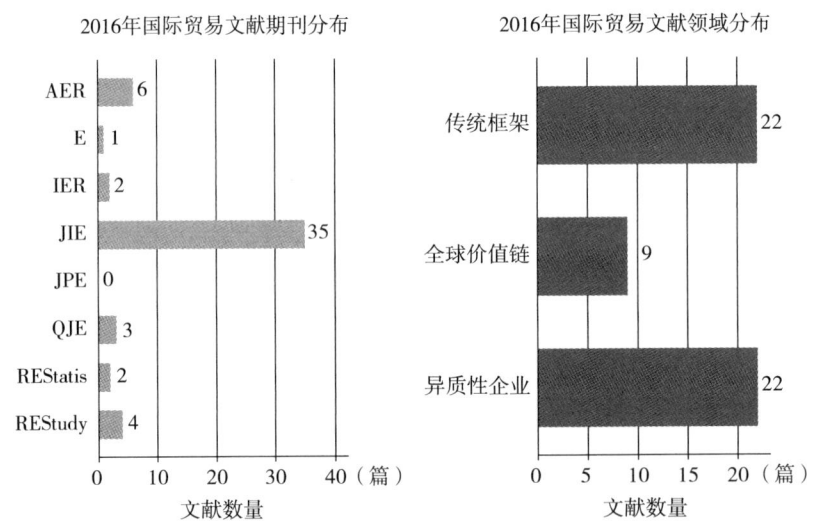

图3-1 2016年国外国际贸易文献的期刊和领域分布

资料来源:笔者计算整理。

从细分的领域和期刊统计看,顶级经济学类期刊《美国经济评论》(American Economic Review)的6篇论文中,传统理论框架下的分析论文3篇,集中在贸易与增长和贸易与劳动力市场两个方面,全球价值链和生产分割论文2篇,而异质性企业贸易论文仅有1篇。《计量经济学》(Econometrica)杂志发表1篇论文,在异质性企业贸易领域。《经济学季刊》(Quarterly Journal of Economics)杂志的2篇论文都在异质性企业贸易的贸易行为选择领域。《国际经济评论》(International Economic

第三章 2016年国际贸易国外学术前沿

Review）杂志的 2 篇论文也都在异质性企业贸易的贸易行为选择领域。《经济研究评论》（Review of Economic Studies）的 4 篇论文主要在全球价值链领域 2 篇和异质性企业及传统理论框架各 1 篇。《经济学和统计学评论》（Review of Economics and Statistics）的 2 篇论文都在传统理论框架下的分析领域。国际经济学领域的顶级期刊《国际经济学期刊》（Journal of International Economics）发表的 35 篇论文中，异质性企业贸易领域 15 篇，传统框架下的研究 15 篇，生产分割与全球价值链领域 5 篇。

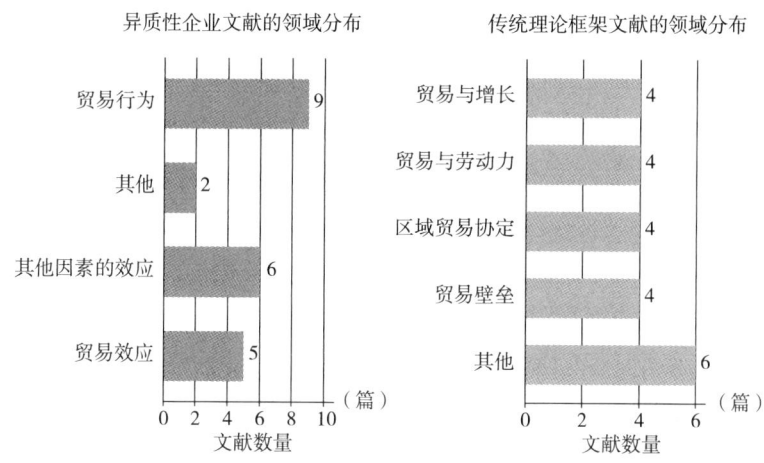

图 3-2 2016 年国外国际贸易文献的细分领域分布

资料来源：笔者计算整理。

表 3-1 2016 年国外国际贸易文献分布情况　　单位：篇

类别	AER	E	JPE	QJE	IER	REStudy	REStatis	JIE	合计
异质性企业贸易	1	1	0	2	2	1	0	15	22
贸易行为选择	0	0	0	2	2	0	0	5	9
贸易与贸易自由化效应	1	1	0	0	0	1	0	2	5
其他因素对企业的影响	0	0	0	0	0	0	0	6	6
其他议题	0	0	0	0	0	0	0	2	2
生产分割与全球价值链	2	0	0	0	0	2	0	5	9

续表

类别	AER	E	JPE	QJE	IER	REStudy	REStatis	JIE	合计
传统理论框架下的研究	3	0	0	1	0	1	2	15	22
贸易与增长	2	0	0	1	0	0	0	1	4
贸易与劳动力市场	1	0	0	0	0	0	1	2	4
区域贸易协定	0	0	0	0	0	0	0	4	4
贸易成本与贸易壁垒	0	0	0	0	0	1	0	3	4
其他	0	0	0	0	0	0	1	5	6
合计	6	1	0	3	2	4	2	35	53

注：表3-1、图3-1中，AER 是 *American Economic Review* 的缩写，E 是 *Econometrica* 的缩写，JPE 是 *Journal of Political Economy* 的缩写，QJE 是 *Quarterly Journal of Economics* 的缩写，IER 是 *International Economic Review* 的缩写，REStudy 是 *Review of Economic Studies* 的缩写，REstatis 是 *Review of Economic and Statistics* 的缩写，JIE 是 *Journal of International Economics* 的缩写。

资料来源：笔者整理。

第二节 异质性企业贸易研究

从微观企业异质性视角分析国际贸易问题，已经成为当前国际贸易文献的前沿主体。异质性企业贸易理论呈现不断向深度和广度的方向发展，研究的主题逐步深入和扩展。2016年异质性企业贸易理论框架下的研究文献主要集中在贸易行为选择、贸易与贸易自由化的效应以及异质性企业框架下的其他贸易政策的影响研究三个方面。

一、异质性企业的贸易行为选择

异质性企业的贸易行为选择主要包括有进口和出口贸易选择、贸易产品的价格和质量选择、贸易的市场选择、贸易的产品种类选择（多产品企业）以及贸易动态选择等。2016年这一具体领域的研究集中在异质性企业的进出口贸易动态分析，包括进入和退出贸易市场、企业的扩张和发展，以及出口质量选择、出口与对外直接投资选择、多产品选择。

综合性经济学顶级期刊的具体文献有：Arkolakis（2016）建立了一个分析企业动态贸易选择和增长的一般均衡模型框架，指出企业的增长是不断增加的潜在竞争者激励创新和生产率提升的结果，企业进入一个新的出口市场需要保证获得的收益足以抵消市场进入的边际成本。模型的校准结果发现企业的增长与初始规模成反比。Rho和Rodrigue（2016）分析了企业的物质资本投资与出口选择的动态关系，指出新的投资会促进"年轻"的出口企业更快地成长并在出口市场生存更久，实证结果发现企业成本结构对于出口和投资的影响很明显。Kohn等（2016）分析了金融摩擦对企业出口动态的影响，探求金融摩擦贸易壁垒如何作用于企业的出口决策，实证发现金融摩擦会显著削弱贸易自由化的效应，是一个重要的贸易壁垒。Sampson（2016）构建了一个异质性企业贸易和增长的思想流动理论分析企业的动态贸易和增长选择。

领域内顶级期刊的具体文献有：Conconi等（2016）分析了不确定性对异质性企业出口贸易和对外直接投资选择的影响，指出多数企业都是先出口某国外市场再投资，理论分析的结果认为企业的出口经验会增加对外直接投资的概率，不确定性越大则企业投资的选择越谨慎。Alcala（2016）从质量的维度分析了异质性企业产品之间专业化和产品内部专业化之间的关系，模型的均衡分析结果发现，每个国家都出口一系列不同质量的同一产品，其他国家的工资差异、贸易摩擦和绝对优势影响这些产品的质量选择。Lopresti（2016）分析了贸易成本的下降对多产品企业的产品范围选择的影响，发现企业依赖国外市场的异质性程度会影响选择，依赖国外市场程度越大的企业会增加产品的多样性和范围。Araujo等（2016）分析了不完全信息的情形下制度和出口经验对企业出口动态的影响，发现企业向契约信用高的国家出口更多且出口时间更长，同时有出口经验的企业也出口更多。Manova和Yu（2016）使用中国数据实证分析了金融摩擦如何影响企业在一般贸易和加工贸易之间选择，以及不同的选择对于企业绩效的影响，结果发现信贷约束会促使企业选择加工贸易和组装贸易，所以金融市场的不完全影响了企业的生产组织和全球生产网络。

二、异质性企业层面贸易与贸易自由化的效应

贸易以及贸易自由化的效应是国际贸易研究文献的重要组成部分，分析贸易的经济效应。异质性企业框架下的文献关注贸易对微观企业的影响。2016年文献主要集中在贸易开放对企业的创新和生产率的影响，影响关税开放效应的因素，以及贸易自由化对多产品企业价格、利润和边际成本的影响。

综合性经济学顶级期刊的具体文献有：Loecker等（2016）从理论和实证两个方面分析了贸易自由化对企业的定价、利润和收益以及边际成本的影响，发现贸易自由化会降低企业产品的出厂价，产出关税具有增强竞争的效应，并且企业的边际成本下降幅度更大。Sequeira（2016）使用非洲南部国家的企业数据发现关税自由化的贸易弹性很小，揭示了腐败是导致关税减让对贸易影响不显著的原因，在非洲南部的低廉行贿就可以换取关税的免征。Bloom等（2016）使用中国数据分析了进口竞争对企业创新和生产率的影响，发现进口竞争引起了企业的技术提升以及生产要素向高技术企业的流动。

领域内顶级期刊的具体文献有：Liu和Qiu（2016）使用中国企业的数据实证分析了中间品的进口与企业创新的关系。结果发现，投入品关税下降存在两方面效应：一方面带来创新成本的下降进而刺激创新；另一方面进口技术的成本下降进而不利于创新，中国的情形整体上不利于企业创新。

三、其他变动和因素对异质性企业的影响

在异质性企业的框架下分析其他的因素或者政策变动或者约束对于异质性企业贸易行为的影响，是异质性企业贸易文献的重要组成部分之一。该类文献实际上是将异质性企业贸易的框架应用到分析外在或内在

冲击的影响上。2016年的文献主要集中在汇率传递、关税价格传递，中间品进口对企业贸易行为的影响，价格黏性对企业贸易行为的影响，制度和信任对企业贸易行为的影响等。

领域内顶级期刊的具体文献有：Ludema 和 Yu（2016）在考虑了企业异质性和内生产品质量的情形下分析国外进口关税对美国出口价格的传递效应，模型里企业面对关税的反应有提高产品质量和价格两种选择，导致关税的传递不是完全的，而是半完全的情况。生产率高的企业更多提高产品质量，而生产率低的企业更多提高价格。Imura（2016）分析了价格黏性对异质性企业内生出口参与的影响，理论和实证的结果都发现当外生的冲击对最优出口价格带来显著影响时，出口企业的数量会变动并带来出口的集约边际扩张。Garetto（2016）在企业异质性和不完全信息的情形下分析了汇率的传递问题，实证发现汇率变化仅仅会引起贸易品价格的部分变动，而不会完全传递到贸易品价格上；理论模型分析发现企业层面的汇率传递是完全的，但在信息不完全的条件下，汇率传递则不完全。Cingano 和 Pinotti（2016）在异质性企业框架下分析了信任对于企业生产组织和比较优势的影响，发现诚信度高的国家和地区在委托密集度高的产业上出口及产出比重更大，形成了比较优势。Chen 和 Juvenal（2016）从理论和实证两个方面分析了汇率变动对质量异质性企业的多产品出口行为的影响，发现汇率贬值对高质量产品的影响会引起更多价格变化，而出口量变化较小。Feng 等（2016）使用中国企业数据实证分析了中间品进口对企业出口的影响，发现进口中间品越多企业的出口值和范围都会增加。Gan 等（2016）使用中国工业企业数据实证分析了最低工资的变化对于中国出口企业行为的影响，发现最低工资增长10%会带来企业的出口可能性下降0.9%并且出口额下降0.9%。

四、其他议题

将异质性企业贸易的其他议题放在一起，主要包含了不集中的零散主题，包括贸易与劳动力市场、贸易与增长等。具体的文献有：Kurz 和 Senses（2016）实证分析了进口和出口对于企业就业变动的影响，结果发现贸易企业的贸易频度和就业变动负相关，投入品进口比重大、从更多国家进口以及从低收入国家进口多的进口企业的就业变动更大，出口比重大、出口目的地少以及出口低收入国家的出口企业就业变动大。Ourens（2016）在异质性企业框架下分析了贸易和增长的关系，发现由于进口竞争，消费者从贸易开放的即刻静态效应将是受损，动态效应才会由于消费多样化而受益。

第三节　生产分割与全球价值链

异质性企业的全球组织生产行为选择是新—新贸易理论的两个主要研究方向之一，内容包括企业在国内和国外的外包选择、垂直和纵向一体化的选择以及全球价值链分析等。2016年文献重点关注垂直一体化的决定因素带来的影响，外包的动态选择和影响，以及全球价值链中的出口国内附加值问题。

综合性经济学顶级期刊的具体文献有：Alfaro（2016）分析了价格对垂直一体化选择的影响，发现产品市场高的生产价格会促使企业选择垂直一体化以降低成本，所以贸易保护由于会提高价格进而可以促进企业一体化的选择。Allain和Chambolle（2016）分析了垂直一体化对"敲竹杠"问题的影响，指出垂直一体化能够避免事前的"敲竹杠"行为，但会引起事后的"敲竹杠"。Bloom等（2016）使用中国数据计算了出口中的国内附加值，发现国内附加值在不断提高，使用国内原材料替代进口原材料促使国内附加值提高了65%~70%。Los等（2016）提出了一个出口附加值分解和核算的方法。

领域内顶级期刊的具体文献有：Duval等（2016）使用1995~2013年63个发达和新兴经济体的增加值贸易数据分析了贸易对经济周期协同性的影响，发现了显著的正相关性，同时产业间增加值贸易比重的增加能够提高经济周期的同步性。Kukharskyy（2016）从理论和实证两个方面分析了关系合约对于企业全球外包行为选择的影响，发现长期合作方向的存在会促进企业的垂直一体化选择。Ramondo 等（2016）实证分析了美国跨国公司的公司间贸易和垂直一体化行为，发现公司间贸易通常发生在大跨国公司的大分支企业之间，母公司的投入产出效率和公司间贸易之间没有显著的关联。Zlate（2016）分析了海外垂直投资对于经济周期传递的影响，理论模型分析得出海外垂直一体化投资选择会带来产出的联动反应，带来经济周期的协动。Krautheim 和 Verdier（2016）分析了在制度管制松的国家非政府组织（NGO）与企业海外垂直一体化投资的关系，指出消费者用非政府组织监测企业的生产，非政府组织推动了海外垂直一体化投资，并且增加了一体化投资企业的收益。

第四节 传统贸易理论框架下的研究

传统理论框架下的贸易问题研究包括在古典、新古典以及新贸易理论的框架下分析贸易及其影响，多数是分析宏观或者产业层面的贸易现象。由于异质性企业框架下的分析文献占据了现有研究的主体，故而可以将所有非企业层面的文献归类在一起。2016 年的具体文献主要集中在贸易与增长、贸易与劳动力市场、区域贸易协定、贸易成本与贸易壁垒以及其他方面。

一、贸易与增长

贸易与增长关注进出口贸易的发展和贸易的开放对经济增长的影响和作用。2016 年的文献关注贸易与经济衰退、贸易与规模经济效应、贸易与经济增长周期的关系以及贸易对消费者个体的影响等。

综合性经济学顶级期刊的具体文献有：Eaton 等（2016）建立了一个动态多国一般均衡模型分析经济衰退时期的经济增长推动力。模拟的结果发现，经济衰退时，贸易部门的需求下降主要是由耐用品投资效率下降引起，而贸易保护、生产率和需求的影响较小。Ramondo 等（2016）

分析了贸易与规模经济问题，认为传统理论对贸易和规模经济关系的分析建立在理想的假设前提下，如果国内不同区域之间的产品交易壁垒很高，结论会完全不同。Fajgelbaum 和 Khandelwal（2016）建立模型分析国际贸易带来的相对价格变化对不同消费的不同影响，结果发现贸易会更多惠及穷人。Storeygard（2016）使用撒哈拉以南地区的数据分析了运输成本下降和贸易对于区域经济增长的作用，结果发现 2002~2008 年石油价格上升带来靠近港口的城市与离港口 500 公里以外地区相比，收入增加了 7%。

二、贸易与劳动力市场

贸易对劳动要素价格以及就业和失业的影响是这一领域文献的主要内容。2016 年文献主要关注贸易与就业和教育、贸易与工资的两极分化、出口产业工资决定、贸易与收入再分配以及贸易协定对工资的影响。

综合性经济学顶级期刊的具体文献有：Atkin（2016）实证分析了墨西哥的制造业产品出口扩张对教育分布和就业的影响，结果显示低技能劳动力密集型产品出口导致接受教育的成本上升，从而引起受教育程度下降。贸易每增加 25 个工作岗位，就会引起一个学生在 9 年级放弃学业而不是继续读到 12 年级。Cozzi 和 Impullitti（2016）实证分析了全球化对工资两极分化的影响，发现 20 世纪 90 年代欧盟和日本的技术追赶提高了创新能力，相互的贸易加重了美国的工资两极分化。Hakobyan 和 McLaren（2016）使用美国 1990~2000 年的统计数据分析了北美自由贸易协定（NAFTA）对美国工资的影响，发现大幅降低了蓝领的工资增长速度。

领域内期刊的具体文献有：Vannoorenberghe 等（2016）分析了国际贸易对支持部门间劳动力收入分配的政策的影响，以及这些政策变动对贸易自由化的支持作用。Brambilla 等（2016）分析了出口目的国的收入水平与出口国的平均工资间的关系性。他们采用跨国面板数据的分析结果表明，高收入国家支付了更高的平均工资，原因包括：高收入国家需要更高质量的产品，而高质量产品需要更密集地使用高技能的劳动力，由此生产高质量产品的行业出现工资溢价，带动行业工资水平的提升。

三、区域贸易协定

金融危机后全球范围内区域贸易协定的发展推动了研究的深入，2016年的文献主要集中在关税同盟和自由贸易协定的贸易效应对比、最优贸易协定以及区域贸易协定的贸易条件和效率效应。

具体的文献有：Missios等（2016）采用三国的内生贸易协定的博弈模型，分析了关税同盟与自由贸易协定对促进非成员国贸易自由化的影响，发现两类协定均通过引发外部国家的贸易转移，促使非成员国自愿降低其进口关税。Anderson等（2016）的文章分析了20世纪90年代实施的自由贸易协定的贸易条件效应。实证结果表明，一些国家的制造业实际收入增加了5%，而一些下降幅度低于0.3%，制造业贸易的全球效率提高了0.9%，即对于不同国家产生了不一样的影响。Lake等（2016）研究了引入地理差异性的内生自由贸易协定（FTAs）与关税同盟（CU）的决定机制。研究结果表明，在引入地理差异性的条件下，自由贸易协定通常是跨区域性的或者区域内的，而关税同盟则基本上仅仅是在区域内的合作形式。Lee等（2016）分析了WTO严格对待国内补贴的政策效应，采用基于贸易条件效应的贸易协定模型以及本国政府掌握适当的补贴规模的信息。结论认为，这是实现市场扩张的国际目标，最优的协定显著地限制了国内的效率水平。

贸易自由化的福利效应是国际贸易实证研究重要的问题。Heid等（2016）构建了引入搜寻与匹配的劳动力市场摩擦的量化分析模型，分析了28个OECD国家的区域贸易协定的效应，以及美国劳动力市场改革的效应。结果表明，贸易自由化有助于大多数样本国家总体福利水平（包括就业效应）提升，而减少劳动力摩擦的劳动力市场改革有助于进一步提高贸易自由化的福利水平。

四、贸易成本与贸易壁垒

贸易成本、贸易保护和贸易壁垒是国际贸易中重要主题之一，2016年的文献主要集中在考虑规模经济和失业等其他因素的引力模型和贸易成本测度，以及贸易壁垒对贸易和福利的影响等。

传统理论认为实施关税率的水平是逆周期的，近年一些实证研究聚集在此问题，并给出了不同的分析结果。Lake 和 Linask（2016）采用72个国家的 2000~2011 年的产品层面的面板数据，分析了商业周期和最惠国适用关税率的关系，发现发达国家的关税水平是逆周期的，而发展中国家的关税水平则是顺周期的，因顺周期的市场控制力引发了关税水平在顺周期性，贸易条件效应在贸易政策制定中发挥作用。French（2016）构建了扩展的数量分析模型，研究了贸易流量的结构对贸易壁垒总效应的影响，产品层面的比较优势对加总效应具有显著影响。

五、其他主题的研究

其他主题的研究主要包括传统贸易理论的拓展、贸易的政治经济学、同质产品贸易、贸易效应以及贸易信贷等。由于每一个小领域的文献都较少且分散，故而放在一起成为其他主题的研究。

综合性经济学顶级期刊的具体文献有：Desai 等（2016）分析了国内税收对贸易信贷需求的影响，发现在低税收国家投资的美国跨国企业更多地借出贸易信贷，而在高税收国家投资的美国企业更多地借入贸易信贷。

领域内期刊的具体文献有：Ishise（2016）认为资本品的异质性是比较优势的来源之一。Giordani 等（2016）认为贸易政策与食品价格具有互补的相互促进效应，当某一冲击促进了食品价格的上涨后，出口者将增加出口限制措施，而进口者倾向于降低保护水平，这一反应进一步促进了食品价格的上涨，形成了乘数效应。文献基于具有微观基础的实证模型，采用了新的包含 77 个国家、32 种食品产品的 2008~2011 年的数据，对这一问题进行了实证检验，验证了乘数效应的存在。结果表明，贸易措施日益成为对其他伙伴国贸易政策使用率提升的应对机制。比较优势常用于解释单向贸易，对于同质产品的双向贸易，在相互倾销模型的基础上，Antweiler（2016）针对电力的双向贸易的特点，构建了反映相互平滑负荷（Reciprocal Load Smoothing）机制的新贸易模型，对贸易作为保险这一机制进行了理论和实证研究。

经济活动的空间分布是经济学关注的重点问题，Redding（2016）采用量化贸易模型的分析方法，通过引入空间的非对称性，以及具有异质性偏好可流动的劳动力，对传统空间经济学进行了扩展，并采用比较静态，反事实分析进行了深化研究。结果表明，经济活动在不同空间的配置对理解贸易的福利效应有重要的影响。当一些区域的贸易成本相对出现较大幅度的下降时，劳动力将配置到这一区域，直到土地的价格调整到所有区域的贸易福利收益均衡时为止。Anderson 和 Yotov（2016）引入规模效应及汇率传导对传统的结构引力模型进行了扩展，这一模型可以识别结构引力模型中的外部经济或规模不经济。他们分析了包括 28 类商品和服务的加拿大跨境与加拿大各省间双边贸易，发现双边特定关系投资是规模效应的可能原因，而不完全的汇率传递加强了这一时期的规模效应。

第五节　小结

本章从异质性企业贸易、生产分割与全球价值链、传统贸易理论框架下的分析三个方面分类梳理了 2016 年国外的国际贸易前沿文献。其中，异质性企业贸易文献又划分了异质性企业贸易行为选择、异质性企业贸易和贸易自由化的效应、其他因素对异质性企业行为的影响和其他问题四个细分方向。传统贸易理论框架下的分析根据文献集中情况划分为贸易与增长、贸易与劳动力市场、区域贸易协定、贸易成本和贸易壁垒以及其他五个细分方向。

异质性企业贸易的研究方向上，贸易行为选择领域的文献主要集中在异质性企业的进出口贸易动态分析、出口质量选择、出口与对外直接投资选择、多产品选择等。贸易和贸易自由化效应的文献主要集中在贸易开放对企业的创新和生产率的影响，影响关税开放效应的因素，以及贸易自由化对多产品企业价格、利润和边际成本的影响。其他因素对异质性企业的影响文献主要集中在汇率传递、关税价格传递，中间品进口对企业贸易行为的影响，价格黏性对企业贸易行为的影响，制度和信任对企业贸易行为的影响。其他方面的文献包括贸易与劳动力市场以及贸易与增长。

生产分割和全球价值链的研究方向上，2016年的文献主要集中在垂直一体化的决定因素带来的影响，外包的动态选择和影响，以及全球价值链中的出口国内附加值问题。

传统贸易理论框架下的研究方向上，贸易与增长的文献关注贸易与经济衰退、贸易与规模经济效应、贸易与经济增长周期的关系以及贸易对于消费者个体的影响等。贸易与劳动力市场的文献关注贸易与就业和教育、贸易与工资的两极分化、出口产业工资决定、贸易与收入再分配，以及贸易协定对工资的影响。区域贸易协定的文献关注关税同盟和自由贸易协定的贸易效应对比、最优贸易协定，以及区域贸易协定的贸易条件和效率效应。贸易成本与贸易壁垒的文献关注考虑规模经济和失业等其他因素的引力模型和贸易成本测度，以及贸易壁垒对贸易和福利的影响等。其他主题的文献关注传统贸易理论的拓展、贸易的政治经济学、同质产品贸易、贸易效应以及贸易信贷等。

第四章

2015年国际贸易国外学术研究前沿

第一节 引言

2015年国际贸易国外前沿研究文献的主要议题有六个：异质性企业贸易、贸易协定与贸易自由化效应、贸易成本与贸易壁垒、全球价值链与生产分割、贸易与劳动力市场，以及贸易新现象及其解释。这些主题中，异质性企业贸易文献占主体地位，贸易协定与贸易自由化的效应、贸易成本和贸易壁垒、全球价值链是另外三个重要的研究主题。本章首先从近三年的统计描述分析2015年国际贸易国外学术前沿的特征，接着从三个大的方面具体分析研究的前沿。三个大的方面包括：异质性企业贸易，全球价值链、贸易协定、贸易成本和贸易壁垒，以及其他领域（重点是贸易与劳动力市场和贸易新现象）。

第二节 2015年国外国际贸易前沿的统计特征

从2013~2015三年的文献对比看2015年国外国际贸易前沿的文献

统计特征。根据八种最主要的经济学和国际贸易领域前沿期刊统计[①]，2013~2015 年共发表国际贸易领域论文 207 篇；其中 2013 年 60 篇，约占总数的 29%；2014 年 74 篇，约占总数的 35.7%；2015 年 73 篇，约占总数的 35.3%。贸易类论文的发表数量在 2014 年大幅增加，2015 年处于稳定的状态（见表 4-1）。

表 4-1　2013~2015 年国外前沿国际贸易文献发表情况　　单位：篇

年份/期刊	总数	AER	E	JPE	QJE	RES	IER	JIE
2013	60	6	1	3	1	3	1	45
2014	74	13	2	0	4	7	5	43
2015	73	11	2	1	2	16	3	38
合计	207	30	5	4	7	26	9	126

注：AER 是 *American Economic Review* 的缩写，E 是 *Econometrica* 的缩写，JPE 是 *Journal of Political Economy* 的缩写，QJE 是 *Quarterly Journal of Economics* 的缩写，IER 是 *International Economic Review* 的缩写，RES 是 *Review of Economic Studies* 和 *Review of Economic Statistics* 相加的缩写，JIE 是 *Journal of International Economics* 的缩写。

资料来源：笔者整理。

从具体期刊发表国际贸易领域论文情况来看，国际经济学杂志（JIE）、美国经济评论（AER）和经济统计评论（REStatistics）是发表贸易论文最多的前三位顶级期刊。国际经济学杂志（JIE）在 2013~2015 三年间共发表贸易文献 126 篇，但数量上有逐年下降的趋势，2013 年发表 45 篇，2014 年 43 篇，而 2015 年 38 篇。美国经济评论（AER）在 2013~2015 年共发表贸易文献 30 篇，其中 2013 年 6 篇，2014 年 13 篇，2015 年 11 篇，发表数量高且不断增加（见图 4-1）。从顶级期刊的贸易类文献数量分析，国际贸易领域的研究正在成为热点，文献数量在逐步提高，主要原因是异质性企业贸易理论的研究成为创新的重要领域。

[①] 本章综述基于八种最主要的经济学和国际贸易领域前沿国际期刊：*American Economic Review*、*Econometrica*、*Journal of Political Economy*、*Quarterly Journal of Economics*、*International Economic Review*、*Review of Economic Studies*、*Review of Economic Statistics* 和 *Journal of International Economics*，没有包括其他文献。

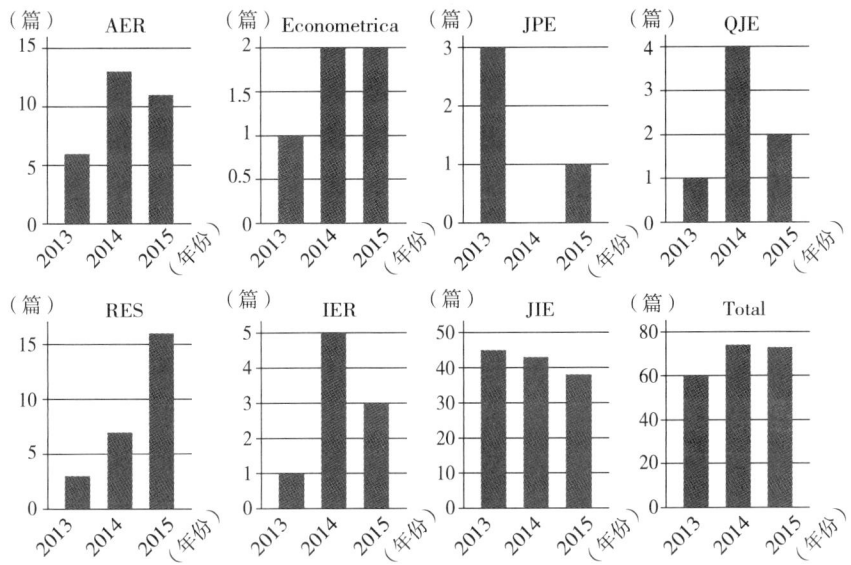

图 4-1　2013~2015 年主要国外期刊国际贸易领域文献

注：AER 是 *American Economic Review* 的缩写，JPE 是 *Journal of Political Economy* 的缩写，QJE 是 *Quarterly Journal of Economics* 的缩写，IER 是 *International Economic Review* 的缩写，RES 是 *Review of Economic Studies* 和 *Review of Economic Statistics* 相加的缩写，JIE 是 *Journal of International Economics* 的缩写。

资料来源：笔者整理。

从细分的具体领域文献情况来看，异质性企业贸易、全球价值链和生产分割、贸易协定和贸易自由化的效应、贸易成本和贸易壁垒是主要集中的主题，其中异质性企业贸易占绝对主体的位置。2013~2015 年八份前沿经济和贸易期刊中异质性企业贸易主题的文献 71 篇，约占总数的 34.3%；贸易协定与贸易自由化效应文献 30 篇，约占总数的 14.5%；全球价值链与生产分割文献 25 篇，占总数的 12.1%；贸易成本与贸易壁垒文献 15 篇，占总数的 7.2%；贸易与劳动力市场文献 12 篇，占总数的 5.8%；贸易新现象及其解释文献 12 篇，占总数的 5.8%。从三年主要研究主题的变动情况来看，异质性企业贸易一直是前沿主导研究方向，且处于不断深化发展的趋势中；全球价值链与生产分割在 2013 年和 2014 年一直是处于第二重要位置的研究领域，但在 2015 年所占文献数量上被贸易协定和贸易自由化的效应超越，并且从三年看其重要性在不断下降；

贸易协定和贸易自由化的效应议题随着近年区域一体化的大发展，重要性不断上升，研究文献的数量也在逐年增加（见图4-2）。

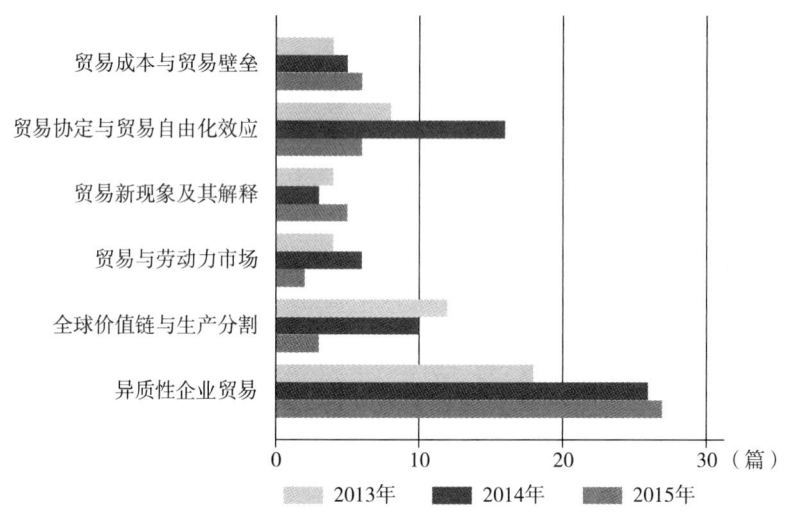

图 4-2　2013~2015 年国外国际贸易前沿文献研究领域分布

资料来源：笔者计算整理。

从分年度、分领域和分期刊的文献统计情况来看。2013年文献中异质性企业贸易、全球价值链和生产分割两个议题处于绝对主体地位，且所占比重相当；期刊主要集中在国际经济学杂志（JIE），美国经济评论虽有一定数量但比重并不大。2014年文献中异质性企业贸易议题的数量增加了30.8%，占文献总数的近一半，处于绝对主导的位置；期刊中，顶级经济学期刊美国经济评论（AER）中的异质性企业议题文献增加了一倍多，其他期刊中的论文也有一定的增加。全球价值链与生产分割的文献数量和占比都有所下降，而贸易协定和贸易自由化的效应文献数量和占比有很大增加。2015年文献中，异质性企业贸易主题仍然占据主体地位，文献数量有提高但与2014年相当，已经处于比较稳定的比重和位置。其他领域的文献与前两年相比更加分散，贸易协定和贸易自由化效应、贸易成本与贸易壁垒处于第二重要的位置，全球价值链和生产分割的文献比重进一步下降（见表4-2）。

表 4-2　2013~2015 年国际贸易研究文献分布情况

类别	AER	E	JPE	QJE	IER	REStudy	REStatis	JIE	合计
2013 年									
异质性企业贸易	0	0	1	0	1	1	1	14	18
全球价值链与生产分割	1	1	1	0	0	1	0	8	12
贸易协定与贸易自由化	4	0	1	1	0	0	0	2	8
贸易成本与贸易壁垒	0	0	0	0	0	0	0	4	4
贸易与劳动力市场	0	0	0	0	0	0	0	4	4
贸易新现象及其解释	1	0	0	0	0	0	0	3	4
其他	0	0	0	0	0	0	0	10	10
合计	6	1	3	1	1	2	1	45	60
2014 年									
异质性企业贸易	6	1	0	1	1	1	2	14	26
全球价值链与生产分割	3	0	0	0	0	0	1	6	10
贸易协定与贸易自由化	3	0	0	1	1	0	0	11	16
贸易成本与贸易壁垒	0	0	0	0	0	2	0	2	5
贸易与劳动力市场	0	1	0	0	1	1	0	3	6
贸易新现象及其解释	0	0	0	1	1	0	0	1	3
其他	1	0	0	1	0	0	0	6	8
合计	13	2	0	4	5	4	3	43	74

续表

类别	AER	E	JPE	QJE	IER	REStudy	REStatis	JIE	合计
2015年									
异质性企业贸易	5	0	0	1	1	3	4	13	27
全球价值链与生产分割	1	0	0	0	0	0	1	1	3
贸易协定与贸易自由化效应	1	0	0	0	0	1	0	4	6
贸易成本与贸易壁垒	0	0	0	0	0	0	2	4	6
贸易与劳动力市场	1	0	0	0	0	0	0	1	2
贸易新现象及其解释	0	0	0	0	0	0	2	3	5
其他	3	2	1	1	2	0	3	12	24
合计	11	2	1	2	3	4	12	38	73

注：表中，AER 是 *American Economic Review* 的缩写，E 是 *Econometrica* 的缩写，JPE 是 *Journal of Political Economy* 的缩写，QJE 是 *Quarterly Journal of Economics* 的缩写，IER 是 *International Economic Review* 的缩写，REStudy 是 *Review of Economic Studies* 的缩写，REstatis 是 *Review of Economic Statistics* 的缩写，JIE 是 *Journal of International Economics* 的缩写。

资料来源：笔者整理。

第三节 异质性企业贸易

异质性企业贸易是近年来国际贸易领域研究的前沿方向，近十多年来的国际贸易理论创新都集中在这一领域。异质性企业贸易的研究引领了一个新的理论体系，研究快速地发展和深化，文献成为经济学和国际贸易领域中的重要方向。异质性企业贸易文献可以划分为四个方向，以下逐一进行梳理。

一、异质性企业的贸易行为选择

异质性企业的贸易行为选择包括出口和进口行为选择、出口产品的价格和质量选择、出口的频度选择、出口产品种类的选择（又称为多产品模型）、出口目的地市场的选择、出口企业的生产区位选择（跨国生产问题）以及贸易的网络结构选择等。2015年文献中企业的多产品选择、跨国生产选择、出口动态和产品的转换是重点。

Fillat和Garetto（2015）实证分析发现跨国公司具有更高的股票市场收益和利润，而非跨国生产的企业中，出口企业的股票市场收益和利润更大，论文进而构建一个真实期权价值模型解释实证的结论。Rhodes（2015）关注多产品企业的定价行为选择，发现企业的产品种类越多则越会定低价，在某一种产品上定低价会引起其他产品同样定低价。Berman等（2015）实证分析企业的出口动态和国内销售的变化，发现企业层面出口的外生变动会影响国内销售。Harrigan等（2015）分析了美国企业的出口价格，实证研究发现高生产率和技能密集型企业的出口定价较高，而资本密集型企业定价较低。

异质性企业贸易行为选择方向上的研究是2015年文献中的一个主要方向，也是异质性企业贸易文献的主要拓展领域。相关研究在贸易行为选择上不断向纵深发展，纵向上涉及的问题不断增加，如从出口到进口、从出口价格到出口质量、从出口产品种类到出口市场等，深度上不断地向细化的问题发展，如多产品企业的出口市场选择、跨国企业的出口产品目的地选择等。

二、贸易和贸易自由化的影响效应

贸易和贸易自由化的影响效应包括异质性企业的贸易行为对其生产率和规模的影响、对企业资源配置的影响和对企业要素价格的影响，并在逐步放松一系列假设的条件下分析贸易自由化的效应。2015年的文献主要关注贸易开放对于异质性企业进出口产品的质量和价格的影响，对于进出口产品种类的影响等。

Halpern 等（2015）分析了进口投入的种类增加对企业生产率的影响，发现所有进口投入的种类可以增加企业生产率22%。Melitz 和 Redding（2015）揭示内生企业选择会为异质性企业贸易模型带来新的福利边际，进而在新的异质性企业模型框架下分析了贸易的福利效应。Fan 等（2015）从理论和实证两方面分析了贸易自由化对异质性企业出口质量和价格的影响，使用细分的中国数据证明了进口关税减让会引起企业提高出口质量和出口价格。Wu（2015）分析了贸易开放和跨国生产的长期效应，发现能够跨国生产的企业更倾向于出口，且出口的收益更明显。

在微观企业异质性的条件下分析贸易和贸易自由化对于企业的影响是异质性企业贸易文献的重要方向之一。该领域的研究也在不断向细化的方向发展，从分析贸易自由化对企业生产率的影响，对企业利润的影响等逐步拓展到分析贸易开放对于企业产品质量、价格、种类等的影响。

三、其他政策或者外生冲击的影响效应

该类文献主要在异质性企业的贸易模型框架下分析外生的冲击或者外在的政策变动对于企业的经济影响。2015 年的文献关注研发、信贷约束和培训等对于企业的技术进步、生产率和工资等的影响。

Boler 等（2015）在异质性企业框架下分析了研发对进口投入的影响，以及对企业生产率的影响，发现研发成本的下降会刺激研发投入和中间品进口，进而促进技术进步。Manova 等（2015）分析了信贷约束下的企业出口和跨国生产活动选择，实证发现外资子公司和中外合资企业比有信贷约束的国内私营企业出口表现更好。Konings 和 Vanormelingen（2015）分析了培训对企业生产率和工资的影响，发现培训对于企业生产率提高的效应大于工资上涨效应。Muuls（2015）分析了信贷约束对企业贸易行为的影响，发现没有信贷约束的企业更容易进口和出口。

在异质性企业的框架下分析外生变动对企业的影响属于在异质性企业理论框架下的应用，在新的框架下重新分析所有贸易相关的问题。发展的方向也是涉及的主题越来越多，不断向细化的方向拓展。

四、理论的新拓展

理论的新拓展方面包括企业异质性的多元化（指生产率之外的异质性因素，如企业规模、企业产品质量、产品需求弹性等），异质性企业理论对贸易新现象的解释，以及使用异质性框架扩展传统的贸易理论。2015年文献在这一方向上主要关注利润和成本的异质性，贸易品的价格和人均收入的关系。Atkin 等（2015）分析了企业的利润和成本分布，进而分析利润和成本的异质性。Simonovska（2015）分析了贸易品的价格和人均收入的关系。异质性贸易理论的新拓展也是重要的研究方向之一，但整体上的进展不大，处于逐步发展的过程中。

整体上，2015年的相关文献中，异质性企业的贸易行为选择和异质性企业框架下其他政策措施的影响文献数量较多。这两个方向上可以拓展的空间更大，未来依然会是文献中的重点。

第四节　全球价值链、贸易协定和贸易自由化效应、贸易成本与贸易壁垒

全球价值链、贸易协定和贸易自由化的效应、贸易成本与贸易壁垒分别是异质性企业贸易文献之外的三个重要研究方向，以下分别进行梳理。

全球价值链与生产分割的研究内容主要包括四个方面：一是对全球价值链问题所涉及的垂直专业化贸易、生产分割、中间品贸易的形成原因、模式选择及效应的研究；二是从国家和行业层面对垂直专业化以及附加值贸易的分解和核算；三是对全球价值链的度量和分工以及价值链贸易的统计数据库的构建；四是在引入附加值贸易的情形下考察贸易有关问题的政策含义，如贸易与环境、贸易保护的效应、比较优势测算的调整、贸易不平衡等。

2015年的文献主要包括代工企业的生产分割、跨国生产的选择及其影响、跨国生产的股票风险与收益、跨国生产的决定因素等。Bernard 和

Fort（2015）分析了零售部门企业的设计和生产的选择，以及分工和生产分割等问题。Ramondo 等（2015）使用数据分析了为什么企业要选择跨国生产、跨国生产如何影响效率、跨国生产如何影响本国和东道国的福利。Bogmans（2015）实证发现跨国公司具有更高的股票市场收益和回报。

全球价值链的文献也是未来的主要研究方向之一，随着价值链的不断深化和发展，对其进行研究的现实需要逐步提升，同时全球价值链的文献通常也是从微观企业的层面开展分析，与异质性企业贸易文献有交叉的地方。

贸易协定和贸易自由化的效应包含两个部分：一是贸易协定和区域一体化，二是贸易开放或者贸易自由化的影响。贸易协定和一体化的研究主要包括区域经济一体化、贸易谈判博弈以及贸易战和贸易摩擦、WTO 多边贸易体系等。贸易自由化的效应主要分析贸易开放对企业、行业和国家层面的收入、福利、要素配置、就业、制度变迁、要素价格、生产率等的影响。异质性企业贸易文献也包含贸易自由化的效应，这里涉及的文献主要是在古典、新古典和新贸易理论框架下分析贸易自由化的影响。

2015 年的文献主要关注竞争和贸易收益、贸易和研发溢出、贸易和要素收入、贸易和劳动技能溢价等。Edmond 等（2015）分析了国际贸易的竞争收益，发现贸易可以显著减少价格加成的扭曲。Carneuro 和 Kovak（2015）分析了贸易自由化对劳动者技能溢价的影响，构建了一个特定要素模型进行分析，发现贸易自由化对于劳动者技能溢出的效应显著但较小。Caliendo 和 Parro（2015）分析了北美自由贸易区的贸易和福利效应，发现当生产结构中不考虑中间品的投入时，关税减让的福利效应会下降。

贸易协定和贸易自由化的效应仍将是未来国际贸易研究的主要方向之一。区域贸易协定在近年来的发展速度很快，多边贸易体系的格局也在发生变化，这些现实都决定了贸易协定的研究具有现实价值。贸易自由化的效应是国际贸易理论和现实中的重要研究主题，在不同的条件下分析贸易自由化的影响一直是国际贸易主要的研究内容之一。

贸易成本和贸易壁垒的内容主要包括贸易成本和贸易壁垒的影响、

贸易成本的测度以及贸易保护和贸易壁垒等。贸易成本测度包含引力模型等理论和实证分析，贸易成本和壁垒的影响包含对于就业、贸易、收入分配和增长等的作用，贸易保护包含保护的影响、保护的理论等。

2015 年的文献主要集中在贸易成本的估计核算，贸易壁垒对贸易品相对价格影响，贸易成本和冲突防御。Irarrazabal 等（2015）创建了一个新的实证框架来使用企业层面贸易数据估计贸易成本，发现贸易成本通常在 14% 左右。Hornok 和 Koren（2015）使用美国和西班牙的出口数据计算分析贸易成本。Sposi（2015）分析了贸易壁垒和可贸易品的相对价格，解释了为什么服务相对于可贸易品的价格与国家之间的发展情况正相关。Seitz 等（2015）分析了贸易成本与冲突和防卫支出的关系，实证研究发现较低的贸易成本会减少两国军队之间的冲突，促使双方都减少防卫支出。

贸易成本和贸易壁垒不仅是国际贸易中的理论问题，也是重要的现实话题，降低贸易成本和削减贸易壁垒是贸易自由化的主要目标，对于贸易成本和贸易壁垒以及贸易保护的研究十分重要。

第五节　其他领域

其他领域部分主要梳理三个方面：一是贸易与劳动力市场；二是贸易新现象及其解释；三是其他，包含贸易与环境、贸易与金融市场、贸易的不平衡、贸易的政治经济学、贸易与增长、贸易与空间经济学、贸易不平衡、传统贸易理论、贸易与知识产权保护等。

贸易与劳动力市场领域的研究主要包括贸易与劳动力要素价格、劳动力要素的配置、劳动力教育培训、就业和失业等。2015 年的文献主要分析贸易自由化和劳动力技能收入差异的关系，以及贸易和工资不平等。Carluccio 和 Bas（2015）从理论和实证两个方面分析了贸易对于技能劳动收入的影响，发现贸易会更多地增加高技能劳动力的收入，而低技能劳动力的收入增长有限。Artuc 和 McLaren（2015）分析贸易政策对工资不平等的影响，发现劳动者所在的就业产业与其职业和技能层次相比，对收入的影响更大，是工资不平等的主要来源。贸易与劳动力市场的研究未来方向是从微观企业层面分析贸易与劳动要素的需求和价格等。

贸易新现象及其解释是对现有文献没有涉及的新贸易现象或者新出现的贸易现象，从理论上给出解释和分析。2015年的文献主要包括对出口超级明星现象的分析、贸易中间商的作用、世界贸易增长的解释和贸易停滞问题等。Freund和Pierola（2015）分析了出口超级明星（Export Superstar）如何影响一国的贸易行为，出口大企业出口平均占一国出口总额的14%，前五大企业约占据出口总额的30%。Zymek（2015）从要素比重视角解释了世界贸易的增长。Etkes和Zimring（2015）分析了贸易停滞现象及其福利影响效应。贸易新现象是一个富有开创价值的领域，但不会聚集很多文献，是一个值得关注的方向。

以上七个领域之外的文献都归类到其他类别中。2015年的代表性文献有：Ruhl（2015）分析了公司内贸易的测度方法及实践。Mccaig和Pavcnik（2015）分析了低收入国家的非正规就业问题。Jacobson和Schedvin（2015）分析了贸易信贷对企业破产的影响。Costinot等（2015）分析了比较优势和最有贸易政策问题。Aichele和Felbermayr（2015）关注双边贸易中的碳含量，属于贸易与环境主题。这些文献都是国际贸易领域中的重要问题，且随着现实的发展在不同的时期其重要性不断变化。

第六节　小结

本章从三大方面梳理了2015年的国外国际贸易前沿研究文献，包括异质性企业贸易，全球价值链、贸易协定和贸易自由化的效应、贸易成本与贸易壁垒，其他领域。其中，其他领域涵盖了贸易与劳动力市场、贸易新现象及其解释、贸易与环境、贸易与金融市场、贸易的不平衡、贸易的政治经济学、贸易与增长、贸易与空间经济学、贸易不平衡、传统贸易理论、贸易与知识产权保护等。

异质性企业贸易文献方面，异质性企业的贸易行为选择和异质性企业框架下其他政策措施的影响文献数量较多，而贸易自由化的效应以及理论新拓展文献较少。异质性企业贸易行为选择方向上的研究是2015年文献中的一个主要方向，也是异质性企业贸易文献的主要拓展领域，相关研究在贸易行为选择上不断向纵深发展。贸易和贸易自由化的影响上，2015年文献主要关注贸易开放对于异质性企业进出口产品的质量和价格的影响，对于进出口产品种类的影响等。其他政策和外生冲击的影响上，2015年的文献关注研发、信贷约束和培训等对于企业的技术进步、生产率和工资等的影响。理论新拓展上，2015年文献主要关注利润和成本的异质性，贸易品的价格和人均收入的关系。

全球价值链与生产分割文献方面，2015年的文献主要包括代工企业的生产分割、跨国生产的选择及其影响、跨国生产的股票风险与收益、跨国生产的决定因素等。贸易协定和贸易自由化协定文献方面，2015年的文献主要关注竞争和贸易收益、贸易和研发溢出、贸易和要素收入、贸易和劳动技能溢价等。贸易成本和贸易壁垒文献方面，2015年的文献主要集中在贸易成本的估计核算、贸易壁垒对贸易品相对价格影响、贸易成本和冲突防御。

其他领域文献方面，2015年贸易与劳动力市场领域的研究文献主要有分析贸易自由化和劳动力技能收入差异的关系，以及贸易和工资不平等。贸易新现象及其解释的文献主要包括对出口超级明星现象的分析、贸易中间商的作用、世界贸易增长的解释和贸易停滞问题等。整体上，2015年国外国际贸易文献中，异质性企业贸易主题仍然占据主体地位，文献数量有提高。其他领域的文献与前几年相比更加分散，贸易协定和贸易自由化效应、贸易成本与贸易壁垒处于第二重要的位置，全球价值链和生产分割的文献比重有所下降。

第五章
2014年国际贸易国外学术研究前沿

第一节 引言

从微观企业异质性视角分析国际贸易掀起了理论的变革与创新，形成的新理论被称为异质性企业贸易理论或者新—新贸易理论。在这一新的理论框架下分析一系列贸易行为带来的国际贸易理论快速发展，使近年来国际贸易领域的研究成为经济学中理论创新的重要方面。近年经济学前沿期刊中，国际贸易领域的文献逐年增加，2012年八种[①]最主要经济学前沿期刊共发表国际贸易领域论文56篇，2013年增加到60篇，2014年达到了74篇。

2014年国外国际贸易前沿研究文献的主要议题包括六个方面：异质性企业贸易、全球价值链与生产分割、贸易福利与贸易自由化效应、贸易与劳动力市场、贸易谈判与协定以及贸易成本与贸易壁垒。其他的议题还有：贸易新现象及其解释、贸易政治经济学、贸易与金融市场、贸易与气候环境、贸易不平衡、贸易弹性、贸易与空间经济学以及贸易与增长。这些主要的研究议题中，异质性企业贸易处于最主要地位，占据了文献的1/3多；贸易福利与贸易自由化效应、全球价值链与生产分割

---

① 为了突出前沿和重要性，综述选取了八种最主要的经济学和国际贸易领域前沿国际期刊：*American Economic Review*，*Econometrica*，*Journal of Political Economy*，*Quarterly Journal of Economics*，*International Economic Review*，*Review of Economic Studies*，*Review of Economic Statistics* 和 *Journal of International Economics*，其他文献没有包括在内。

两类文献也处于重要位置。

比较最近几年国际贸易国外研究文献,有几个重要的变化和发展趋势:第一,异质性企业贸易领域的研究处于最前沿,且呈现全面扩展的趋势,已经涉及贸易领域的每一个方面,从微观企业视角研究贸易问题成为主流。第二,全球价值链和生产分割、贸易谈判和协定正日益成为热门研究主题,受到越来越多的关注。第三,经济学最前沿期刊中贸易主题论文的发表数量逐年增加,证明了贸易理论创新的重要性;以《美国经济评论》(*American Economic Review*)为例,2012年发表贸易领域论文5篇,2013年6篇,2014年增加到13篇。第四,理论创新处于更加重要的地位,理论类的文献相对较多或者说发展成就更大,重大的实证发现相对而言稍为逊色。

本章全面梳理国外国际贸易研究文献,先从统计上分析文献的期刊和领域分布,再从七个方面综述具体文献。在介绍文献的同时,注重对文献进行归类、梳理和评论。

第二节　2014年前沿领域分布和 2012~2014年的变化

以八份最主要的经济学和国际贸易领域前沿期刊统计,2014年共发表了国际贸易领域相关研究74篇。其中,异质性企业贸易问题文献26篇,占总数的35%;贸易福利和贸易自由化的效应文献11篇,约占总数的15%;全球价值链和生产分割文献10篇,约占总数的14%;贸易与劳动力市场文献6篇,约占总数的8.1%;贸易谈判与协定以及贸易成本与贸易壁垒文献各5篇,约占总数的6.8%。《美国经济评论》(*American Economic Review*[①])和《计量经济学杂志》(*Econometrica*)这两个最重要

---

① 对 *American Economic Review* 论文的统计包括了短论以及一期的 AER Papers & Proceedings。

期刊上共发表 15 篇贸易类论文，其中异质性企业贸易文献 7 篇，全球价值链与生产分割文献 3 篇，贸易福利与贸易自由化效应文献 2 篇（见表 5-1）。图 5-1 展示了 2014 年国际贸易文献的分布情况。

表 5-1　2014 年国外国际贸易研究文献分布情况

类别	AER	E	JPE	QJE	IER	REStudy	REStudy	JIE	合计
异质性企业贸易	6	1	0	1	1	1	2	14	26
贸易福利与贸易自由化效应	2	0	0	1	1	0	0	7	11
全球价值链与生产分割	3	0	0	0	0	0	1	6	10
贸易与劳动力市场	0	1	0	0	1	1	0	3	6
贸易谈判与协定	1	0	0	0	0	0	0	4	5
贸易成本与贸易壁垒	0	0	0	0	1	2	0	2	5
贸易新现象及其解释	0	0	0	1	1	0	0	1	3
贸易政治经济学	0	0	0	0	0	0	0	2	2
贸易与金融市场	0	0	0	0	0	0	0	1	1
贸易与气候环境	0	0	0	0	0	0	0	1	1
贸易不平衡	0	0	0	0	0	0	0	1	1
贸易弹性	0	0	0	0	0	0	0	1	1
贸易与空间经济学	0	0	0	1	0	0	0	0	1
贸易与增长	1	0	0	0	0	0	0	0	1
合计	13	2	0	4	5	4	3	43	74

注：表中，AER 是 *American Economic Review* 的缩写，E 是 *Econometrica* 的缩写，JPE 是 *Journal of Political Economy* 的缩写，QJE 是 *Quarterly Journal of Economics* 的缩写，IER 是 *International Economic Review* 的缩写，REStudy 是 *Review of Economic Studies* 的缩写，REstatis 是 *Review of Economic Statistics* 的缩写，JIE 是 *Journal of International Economics* 的缩写。

资料来源：笔者整理。

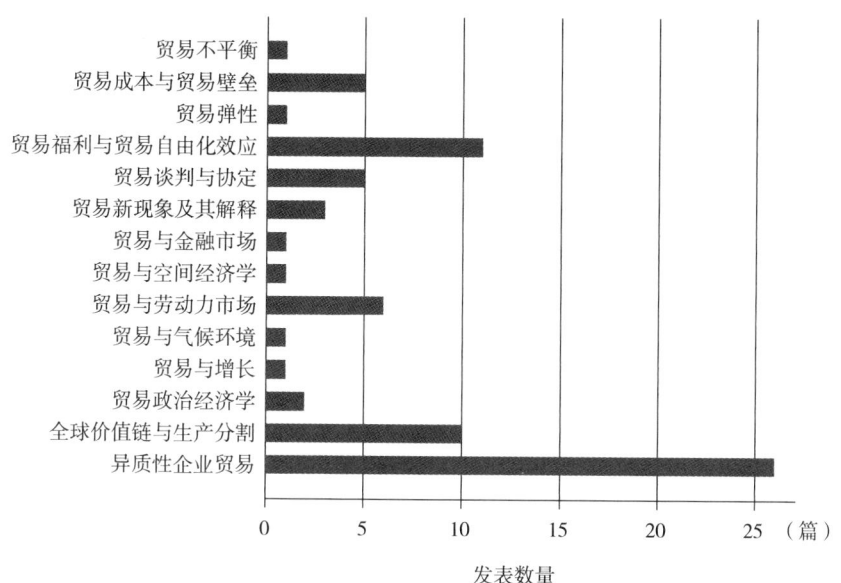

图 5-1　2014 年八种前沿期刊国际贸易研究文献领域分布

资料来源：笔者整理。

从发表论文的期刊看，2014 年《国际经济学杂志》(Journal of International Economics)发表贸易类论文最多，发表了 43 篇；《美国经济评论》(American Economic Review)和《国际经济评论》(International Economic Review)分别发表 13 篇和 5 篇，位列第 2 和第 3；《经济学季刊》(Quarterly Journal of Economics)和《经济研究评论》(Review of Economic Studies)各发表了 4 篇。

比较 2012~1014 三年间国际贸易领域国外前沿期刊发表论文情况，发表总数不断增加，2012 年八种前沿期刊共发表论文 56 篇，2013 年发表 60 篇，2014 年发表 74 篇。从最重要的经济学综合性期刊看，《美国经济评论》(American Economic Review) 2012 年发表贸易类文献 5 篇，2013 年发表 6 篇，2014 年增加到 13 篇；《计量经济学杂志》(Econometrica) 2012 年发表贸易类文献 1 篇，2013 年 1 篇，2014 年增加到 2 篇（见表 5-2 和图 5-3）。

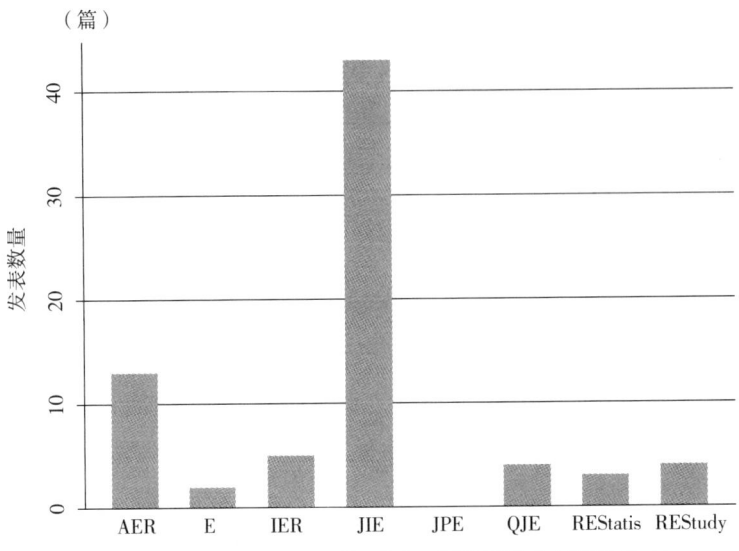

图 5-2　2014 年主要国际期刊国际贸易领域文献发表分布

注：AER 是 *American Economic Review* 的缩写，E 是 *Econometrica* 的缩写，JPE 是 *Journal of Political Economy* 的缩写，QJE 是 *Quarterly Journal of Economics* 的缩写，IER 是 *International Economic Review* 的缩写，REStudy 是 *Review of Economic Studies* 的缩写，REstatis 是 *Review of Economic Statistics* 的缩写，JIE 是 *Journal of International Economics* 的缩写。

资料来源：笔者整理。

表 5-2　2012~2014 年国外前沿国际贸易文献发表情况　　单位：篇

年份/期刊	总数	AER	E	JPE	QJE	RES	IER	JIE
2012	56	5	1	0	3	4	3	40
2013	60	6	1	3	1	3	1	45
2014	74	13	2	0	4	7	5	43

注：AER 是 *American Economic Review* 的缩写，E 是 *Econometrica* 的缩写，JPE 是 *Journal of Political Economy* 的缩写，QJE 是 *Quarterly Journal of Economics* 的缩写，IER 是 *International Economic Review* 的缩写，RES 是 *Review of Economic Studies* 和 *Review of Economic Statistics* 相加的缩写，JIE 是 *Journal of International Economics* 的缩写。

资料来源：笔者整理。

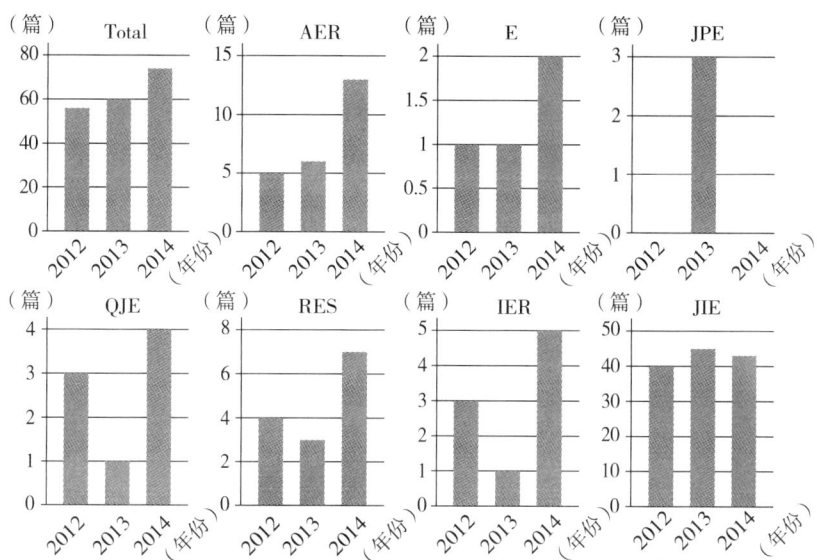

图 5-3　2012~2014 年主要国际期刊国际贸易领域文献发表对比

注：AER 是 *American Economic Review* 的缩写，E 是 *Econometrica* 的缩写，JPE 是 *Journal of Political Economy* 的缩写，QJE 是 *Quarterly Journal of Economics* 的缩写，IER 是 *International Economic Review* 的缩写，RES 是 *Review of Economic Studies* 和 *Review of Economic Statistics* 相加的缩写，JIE 是 *Journal of International Economics* 的缩写。

资料来源：笔者整理。

从发表文献所在的具体领域看，异质性企业贸易数量上绝对占优，处于国际贸易研究的最前沿，2012 年在八种前沿期刊中发表相关文献 28 篇，2013 年 18 篇，2014 年 26 篇，分别占当年发表总数的 50%、30% 和 35%。其他领域方面，全球价值链和生产分割、贸易谈判与协定在三年中一直处于较为重要的位置。全球价值链和生产分割领域 2012 年发表文献 7 篇，2013 年 12 篇，2014 年 10 篇；贸易谈判与协定领域 2012 年发表文献 8 篇，2013 年 8 篇，2014 年 10 篇。比较三年中主要研究主题的变动，2012 年较为重要的领域还有传统贸易理论、贸易与要素价格；2013 年较为重要的领域还有引力模型扩展和应用、贸易与劳动力市场；2014 年较为重要的领域还有贸易福利与贸易自由化效应、贸易与劳动力市场等。

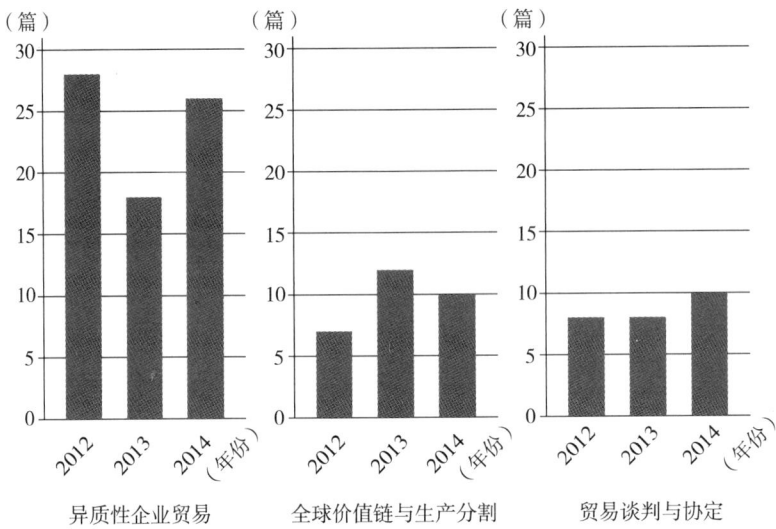

图 5-4　2012~2014 年国际贸易主要研究领域前沿期刊文献发表数量

资料来源：笔者整理。

第三节　异质性企业贸易

从微观企业异质性角度探寻企业的一系列贸易行为选择及其影响是国际贸易研究的最新方向与前沿，这一理论被称为异质性企业贸易理论。近年来，国际贸易领域的理论和经验研究大多集中在微观异质性企业的范畴内，传统的贸易问题都被引入微观企业的层面进行研究，呈现了全面扩展的趋势。

2014 年异质性企业贸易领域的研究与前几年相比，呈现了几个突出的特征。其一，从异质性企业的微观视角研究国际贸易问题已经成为前沿文献的主体，研究的主题逐步覆盖了所有贸易的领域。这导致单独将异质性企业贸易归为一类似乎已经不够细致，完全可以按照领域将异质性企业贸易问题进行更加细分的归类。其二，异质性企业贸易领域的研究正在以很快的速度不断向纵深方向发展。不仅仅研究主题在向更加细致方向拓展，同时研究的范围和覆盖面也在不断增加。可以说，从微观异质性企业角度研究国际贸易问题已经成为主要发展趋势和方向，这一新—新贸易理论正在逐步取代新贸易理论和古典贸易理论成为国际贸易学术的前沿。

2014年异质性企业贸易的研究可以分为四个主要领域和方向：第一，异质性企业的贸易行为选择，包括出口选择、进口选择、出口产品价格和质量选择、出口市场选择、出口产品种类选择（多产品模型）、生产区位选择（跨国生产）、出口频率选择、贸易网络结构选择等。其中，出口产品价格、数量、质量选择、出口动态选择以及多产品选择是重点方向。第二，异质性企业框架下分析贸易及贸易自由化的效应，重点是在加入或者放松一系列假设的条件下分析贸易的效应，如在信用约束、多产品条件下分析贸易自由化的影响等。第三，其他政策或冲击对企业贸易行为的影响。在异质性企业的微观框架体系下分析其他外生冲击或者政策变动带来的影响。例如，汇率变动、融资约束对异质性企业的影响，环境投资对企业出口的影响，政策不确定性的影响等。第四，异质性企业贸易理论上的新拓展。例如，对异质性多元化的扩展、用异质性企业模型拓展传统贸易理论等（见图5-5）。

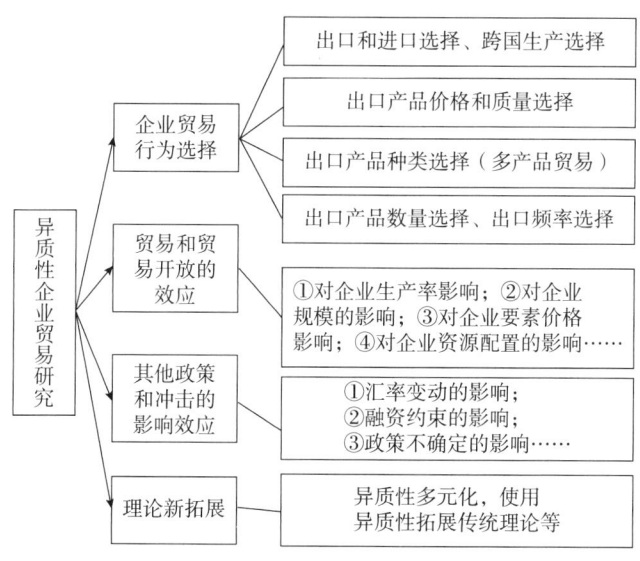

图5-5 2014年异质性企业贸易研究文献分类

资料来源：笔者整理。

2014年异质性企业贸易领域的前沿研究文献主要集中在异质性企业贸易行为选择,以及其他政策或冲击的影响两个方向,无论在主要文献中的数量或占比都处于主体地位。这与2013年该领域文献主要集中在贸易自由化的效应有所不同。图5-6统计了不同方向上文献的数量分布。

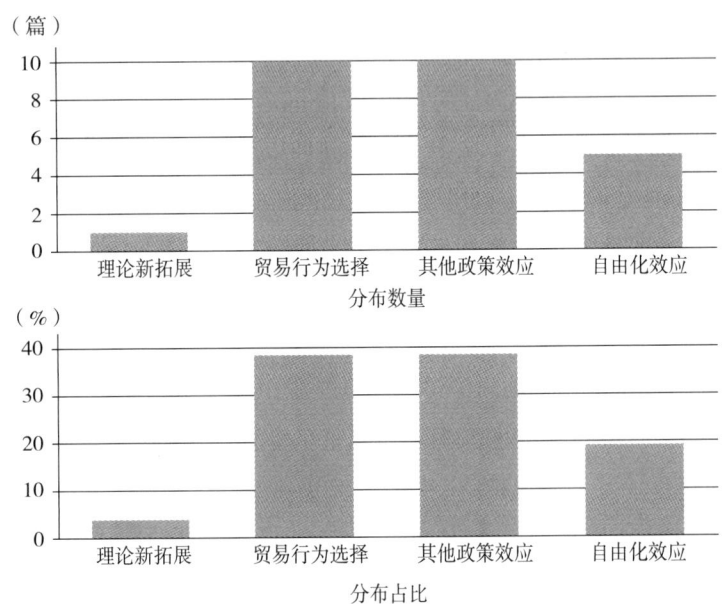

图5-6 2014年异质性企业贸易文献分布情况

资料来源:笔者计算整理。

一、异质性企业贸易行为选择

主要包括出口产品数量、价格、质量选择,出口和跨国生产选择,产品种类选择(多产品选择),以及出口频率和网络结构选择。其中,多产品选择、出口和跨国生产选择是重点。

Aw 和 Lee(2014)构建一个理论模型分析企业需求和生产率对于出口和跨国生产选择的影响,得出生产技术、消费者偏好、产品质量、固定投资成本、运输成本和相对工资水平影响异质性企业的选择,企业层面数据的实证分析支持理论发现。Ramondo(2014)实证检验了跨国生产企业的数量和收入,进而分析跨国生产扩张的集约边际和扩展边际,模拟分析发现关闭跨国生产的福利损失大约为4%。Biais和Hombert（2014）构建模型分析了偏好不确定条件下的企业定价和贸易数量，指出偏好不确定会带来分配无效率但不会降低价格；在流动性冲击下，初始价格下降与贸易量呈正相关。Silva等（2014）提出了一个不同的被解释变量双边界测量方法，重新实证计算了企业出口扩展的集约边界，发现新方法下的核算结果和传统方法核算结果差异很大。Kropf和Saure（2014）从理论上分析了出口企业的出口频率选择，多次出口运输会提高单次出口的固定成本，但降低货物的仓储成本，故而存在一个最优出口频率选择。Nocke和Yeaple（2014）从理论上分析了多产品企业的产品种类选择，设定企业存在两种不同类型能力的异质性，解释了为什么大企业具有更高的生产率和更多种类的产品，全球化对于不同类型企业的影响是不同的。其他的有Feenstra和Romalis（2014）从理论和实证两个方面分析了出口企业的价格和产品质量选择；Nocco等（2014）从理论上分析了垄断竞争条件下的最优产品选择；Alvarez和Lippi（2014）构建模型分析了多产品企业的定价选择；Chaney（2014）从理论上分析了企业贸易的网络结构，指出企业的关联网络会影响出口行为选择。

二、贸易和贸易自由化的效应

在异质性企业的框架下分析贸易和贸易自由化对企业进出口、福利、要素价格、生产率、要素收入等的影响，以及贸易成本的下降对异质性企业行为选择的影响。

Mrazova和Neary（2014）引入一个可分的效用函数分析贸易成本下降和需求结构变动对贸易福利效应的影响，发现了新的贸易福利的来源。Behar和Nelson（2014）在异质性企业贸易模型中引入多边阻力（Multilateral Resistance）因素分析贸易成本下降对贸易的影响，发现双边的成本下降对贸易的促进作用有限，而多边贸易成本的下降具有更加明显的贸易促进作用。Alessandria和Choi（2014）在异质性企业贸易模型中引入出口动态、生产率的不确定性分析关税和贸易成本下降的效应，发现贸易成本下降8%会使贸易占GDP的比重从3.9%提高到7.4%，并且福利提高 1.02%。Ma 等（2014）使用中国 1998~2007 年出口企业数据实证分析了企业出口后的专业化如何影响企业的要素密度和生产率，发现企业在出口之后资本密集度下降但生产率提高，论文扩展现有模型解释了实证结果。Breinlich（2014）使用美国和加拿大 1989 年关税同盟前后的上市公司企业数据实证分析了贸易自由化的效应，发现加拿大企业对于美国出口关税下降的反应与理论预期一致，但对于加拿大进口关税下降的反应与理论结果存在差异。

三、其他政策和冲击的影响效应

主要在异质性企业贸易框架下分析外在政策变动或者外生冲击对于企业的影响，例如汇率变动、信贷约束、环境投资、政策不确定、劳动力市场摩擦、经济危机等对于企业的影响。

Gopinath 和 Neiman（2014）使用 2000~2002 年阿根廷危机实证分析了经济危机时企业的贸易调整和生产率变化，发现进口下降中企业内的贸易下降更多，而进口价格下降会显著引起生产率下降。Mayer 等（2014）在多产品企业模型框架下分析了市场规模和竞争对多产品企业出口产品组合的影响，发现市场竞争加剧会导致多产品企业出口下降并选择生产更多的产品组合，实证分析也支持这一结果。Mion 和 Opromolla（2014）理论分析了管理者流动和出口的经验对于企业出口贸易行为选择的影响，发现企业更容易出口管理者熟悉的国外市场。Fernandes 和 Tang（2014）分析了向临近企业学习如何影响新出口企业的表现，发现了显著的学习效应，新出口企业会向临近企业学习进入出口市场。Cacciatore（2014）从理论和实证两方面分析了劳动力市场摩擦对贸易一体化的影响，发现贸易一体化有利于提高企业生产率，但会在短期内增加失业，劳动力市场的摩擦会降低贸易的利益。Amiti 等（2014）分析了异质性企业的汇率传递效应，发现出口份额高和市场份额大的企业具有更小的汇率传递效应，即较少受到汇率变动的影响。Feenstra 等（2014）检验了不完全信息下信贷约束对出口的影响，指出银行不清楚企业生产率的情形下，企业受到更强的信贷约束。Handley（2014）从理论和实证两个方面分析了贸易政策不确定对于出口企业的影响，发现政策不确定会推延出口企业进入新市场。Rodrigue 和 Soumonni（2014）构建了一个动态企业模型分析了环境投资对企业出口的影响，发现环境减税对于企业生产率没有影响，但会增加出口。

四、理论的新拓展

包括生产率之外企业异质性的多元化、理论对于新现象的解释，以及使用异质性框架拓展传统理论等。2014 年该领域的文献不多，主要是用异质性框架拓展分析了新的贸易问题和现象。Jaef 和 Lopez（2014）在异质性企业贸易理论框架下分析了商业周期理论，推导了传统商业周期理论的所有结论。

第四节 贸易福利与贸易自由化的效应

国际贸易理论通常聚焦两个方面：一是为什么会有贸易，二是贸易的影响效应。贸易福利和贸易自由化的效应是国际贸易理论的重要部分。贸易自由化的影响可以在不同的理论框架下进行研究，古典贸易理论、新贸易理论和异质性企业贸易理论都会涉及贸易自由化的影响。2014 年，贸易福利和贸易自由化效应的文献关注贸易福利效应，贸易对于收入、制度变迁、生产率以及非正规劳动力市场的影响等，涉及的领域比较宽泛。

近年来，很多文献采用量化分析模型，分析贸易对福利的影响。Melitz 和 Redding（2014）和 Head 等（2014）对这一领域进行了推进，研究了贸易影响福利水平的新渠道：本地生产率的内生变化（Endogenous Changes in Domestic Productivity）。Head 等（2014）分析了无帕累托（Pareto）假设下的贸易与福利的关系，他们研究用对数正态异质性（Log-normal）替代帕累托异质性假定下的福利分析结果。

贸易自由化对其他经济变量的影响是学者们关注的重点，包括对工资、分配效率、公司透明度、制度变迁等。Behrens 等（2014）建立了一般均衡垄断竞争模型分析贸易自由化对于工资、生产率、消费多样性以及收益的影响。Holmes 等（2014）研究了贸易对分配效率的影响，探讨了成本变化和价格变化渠道的不同影响。Blonigen 等（2014）研究了贸易伙伴国商业周期的协同性。实证结果发现，贸易关系对趋势性变化比周期性变化的影响大。Tong 和 Wei（2014）研究了贸易自由化对公司透明度影响的机制。市场竞争的加剧引发公司透明度下降，但开放市场增加了厂商提升利润的机会，这有助于公司透明度的提高。Puga 和 Trefler（2014）以中世纪威尼斯为研究对象，以历史数据为基础，实证分析了国际贸易对于制度变迁的影响机制。

语言、贸易成本、厂商的抗风险能力等对贸易的福利效应有较强的影响。Melitz 和 Toubal（2014）构建了包括 195 个国家的新的共同母语和共同使用语言的数据库，采用实证方法研究与语言相关的因素对双边贸易的影响。结果表明，在语言对贸易影响方面，对各类语言因素综合考虑后进行的新测算得出的结果是传统方法的两倍。一些研究关注交通运输基础设施及贸易成本对贸易的影响。Alessandria 和 Choi（2014）研究了冰山成本下降对美国近年来出口增长的影响。Duranton 等（2014）和 Faber（2014）分别采用美国和中国的数据，研究了大规模基础设施建设对贸易开放的影响。Annorenberghe（2014）研究了厂商的风险承受能力对国际贸易福利收益的影响。当厂商无法完全内部化下行风险时，贸易开放的收益将下降。

贸易与其他政策的互动影响也是学者们较为关注的问题。Kim 和 Kose（2014）采用多部门动态一般均衡模型分析了发展中国家贸易自由化和财政改革的福利效应。Ortega 和 Peri（2014）实证分析了贸易和移民对于收入的影响，发现开放能够正向激励单位资本收入，但贸易对于收入的影响效应不显著。

第五节 全球价值链与生产分割

全球价值链和生产分割、垂直专业化紧密联系，是国际贸易前沿研究方向之一，涉及的问题主要包括全球价值链的度量、价值链的分工、国际生产组织、垂直专业化贸易、中间品贸易的模式与效应、企业的外包和一体化选择等方面。2014年这一领域的文献主要集中在附加值贸易的分解和核算、离岸外包的决策与效应研究，以及贸易和外包对工资水平影响的实证分析等。

全球价值链研究首要解决的基础性问题是测度垂直专业化程度及附加值贸易。Koopman等（2014）是这一领域的突破性文献，他们构建了一个综合的数理分解方程，将总贸易逐项分解成附加值数据，这一方程可以将以前的VS、VS1、VS1*、VAX等各指标融入统一的框架，同时，基于附加值贸易数据，可以对显示性比较优势、多阶段生产的贸易成本等问题给出新的解释。

Biesebroeck 和 Zhang（2014）、Schwarz 和 Suedekum（2014）以及Diez（2014）对不完全合约角度、产权角度研究全球价值链和外包问题的分析框架进行了推进。Biesebroeck 和 Zhang（2014）采用理论模型研究了企业全球外包中对生产过程复杂性（Complexity）的决策机制。Schwarz 和 Suedekum（2014）研究了不同中间品外包决策的相互作用机制。Diez（2014）研究了关税对最优生产组织模式的影响，认为北方国家的最优关税对外包有阻碍作用，而南方国家的关税则相反。

在考虑增加值贸易后，需要对传统贸易问题进行重新解读。Baldwin 和 Nicoud（2014）研究了要素禀赋理论的扩展问题。他们将体现全球价值链生产的工序贸易模型与传统贸易模型进行结合，提供了一个简洁但可以进行扩展的、同时考虑两种贸易模式的赫克歇尔—俄林模型（H—O）模型。他们采用这一模型对贸易的收益、要素禀赋理论等传统贸易问题进行了分析。Bems（2014）分析了考虑增加值贸易的模型与采用总贸易的数据之间的配比问题。指出无生产投入的传统多部门宏观经济模型是增加值贸易模型，而用总贸易数据对模型进行校准将因偏好权重、价格弹性等因素而出现偏差。

贸易和外包对工资水平的影响一直是理论界关注的热点问题。Hummels 等（2014）和 Ebenstein 等（2014）采用新的数据和方法对这一问题的研究进行了推进。Hummels 等（2014）采用工人层面的详细微观数据实证分析了外包的工资效应。数据包括丹麦工人——企业数据与厂商产品层面的进出口数据，这些数据有助于研究外包对特定工作岗位上特定工人的工资影响程度。结果发现外包会增加高技能劳动的收入，对于不同工作工序的工资影响不同。Ebenstein 等（2014）实证估计了贸易和离岸外包对美国工人工资的影响，他们将产业水平的贸易和外部数据与产业水平的工人数据结合，突破传统的研究制造业内就业变动，而扩展到对不同职业选择的影响。他们发现全球化促进了美国工人工资水平的总体下降，贸易和外包促使工人从高工资的制造业部门转向其他部门和其他职业，从而改善行业工资差异。

以上分析表明，2014 年全球价值链研究在附加值贸易测算、理论模型的构建、全球价链背景下的贸易效应研究等领域不断深入。全球价值链研究将逐渐从描述价值链的特点、准确测算附加值贸易，向传统贸易理论和实证研究的诸多领域进行扩展，预计该领域未来几年将继续成为国际贸易理论和实证领域研究的热点。

第六节　贸易与劳动力市场

贸易与劳动力市场是国际贸易中的一个重要研究主题，主要涉及贸易与劳动力要素配置、贸易与劳动力要素价格和报酬、贸易与就业和失业，以及贸易与劳动力教育培训等。2014 年的文献关注贸易与劳动力市场匹配、贸易和劳动收入的风险、贸易与教育政策、贸易与劳动力市场转型、贸易比较优势和劳动技能分布，以及贸易改革的工资效应。

Davidson 等（2014）使用匹配的工人—企业数据实证分析了全球化和贸易开放对于产业内劳动力工作有效匹配的影响，发现贸易开放提高了劳动力匹配程度并提高了匹配的效率。Krishna 和 Senses（2014）实证分析了贸易与劳动力收入风险的关系，发现进口渗透对于劳动收入风险具有显著的影响作用，Chang 和 Huang（2014）从理论上分析了贸易和教育系统的内生贸易政策选择的关系，指出一个国家的教育系统决定了劳动技能的分布和比较优势，比较优势通过贸易进一步强化，进而强化教育系统的政策选择。Rafael 和 Carneiro（2014）分析了贸易自由化和劳动力市场动态转型，发现贸易会带来劳动力市场的转型，但需要若干年的时间，福利会由于调整的拖延而受到损失。Bombardini 等（2014）从理论上分析了比较优势和劳动技能分布的关系，指出比较优势可以来源于产业间劳动技能的替代以及国家间技能的分布差异。Krishna 等（2014）实证分析了贸易改革的工资效应，发现贸易保护的下降会增加出口企业相对于国内企业的工资水平。

第七节　贸易谈判与协定

贸易谈判与协定是国际贸易中的一个重要主题，涉及经济一体化、贸易谈判博弈、贸易战和贸易摩擦以及多边贸易体系等。贸易谈判与协定是具有重要现实价值的议题，近年来随着区域一体化的推进以及多边贸易体系的发展，贸易谈判与协定的研究更加具有现实意义。2014年该领域的研究主要集中在经济一体化的影响效应、贸易摩擦和非合作均衡的条件、区域开放对于多边一体化的影响、贸易战与贸易合作均衡等。

Ossa（2014）在垄断竞争和规模经济的新贸易理论模型下测度了最优关税、贸易合作均衡以及贸易非合作均衡结果，发现世界最优关税约为62%，贸易战的非合作均衡关税约为63%，未来的多边贸易合作约能提高政府福利2.9%。Baier 等（2014）分析了经济一体化对贸易集约边际和扩展边际的影响，发现经济一体化会同时影响集约边际和扩展边际、不同类型的经济一体化会带来不同的影响、集约边际的反应早于扩展边际。Campolmi等（2014）从理论上分析了非合作均衡形成的影响力量：纠正垄断扭曲，贸易条件变化，本地市场效应，财政负担转移。其中，非合作博弈形成的主要因素是财政负担转移和贸易条件效应。Kerrerer等（2014）使用美国和加拿大的自贸区和相关数据发现如果自由贸易协定由相互竞争且大的经济伙伴达成，会促进成员扩大多边开放。Nicita等（2014）分析了撒哈拉非洲六国同盟（SSA）保护的形成，指出能够促进收入从富裕国家流向贫穷国家。

第八节　贸易成本与贸易壁垒

贸易成本和贸易壁垒的研究是国际贸易理论与实证研究的重要方面，主要涉及贸易成本的测度、关税和非关税壁垒度量、贸易成本和贸易壁垒的影响效应、贸易壁垒和贸易保护等。2014年相关文献的研究重点关注贸易成本下降与出口增长的理论与实证，地理和距离壁垒与服务贸易增长，语言壁垒与贸易变动，高速公路、运输基础设施投资与贸易关系等。

Alessandria和Choi（2014）从理论和实证两个方面分析了贸易成本下降与出口增长的关系，并构建一个理论模型从贸易成本下降视角解释了美国1987~2007年的制造业出口增长。Anderson等（2014）使用加拿大数据实证分析了地理贸易壁垒与服务贸易增长的关系，发现地理壁垒对服务贸易的影响是对货物贸易影响的七倍，服务贸易更加容易受到地理壁垒的影响。Melitz和Toubal（2014）实证分析了语言贸易壁垒与贸易的关系，发现语言的相通容易形成相互信任，对于贸易的影响非常显著和突出。Duranton等（2014）实证分析了美国各州之间的高速公路网对于贸易的影响，发现高速公路网对贸易总量的影响较小，但城市之间的高速公路对于相互贸易影响较大。Faber（2014）使用中国运输基础设施投资数据分析了贸易成本下降对于贸易和产业布局的影响，发现高速运输系统对于 GDP 增长具有显著影响，那些拥有高速运输系统的地区增长速度高于没有高速运输系统的地区。

第九节 其他领域

以下将文献数量较少的所有其他议题的研究集合在这一部分综述，之所以列在一起不是这些领域不够重要，而是涉及的研究文献在 2014 年度内不多。其他领域主要包括八个方面：贸易新现象及解释、贸易不平衡、贸易与增长、贸易与气候环境、贸易与金融市场、贸易弹性、贸易政治经济学、贸易与空间经济学。

第一，贸易新现象及其解释。主要包括中国对外贸易增长的解释、国际贸易理论的困惑、对贸易的重新核算等。Mitchener 和 Yan（2014）指出中国贸易开放后，出口产品的技能密集度下降而进口产品的技能密集度在提高，实证研究发现第一次世界大战对中国贸易条件的影响减少了技能溢出从而带来贸易进出口技能密集度的变化。Caron 等（2014）发现了贸易产品的劳动技能密集性和收入弹性的强相关性，并通过实证进行解释。Klasing 和 Milionis（2014）使用历史进出口数据和购买力平价调整 GDP，采用短截断（short-cut）方法重新估算了 1870~1949 年的世界贸易数据。

第二，贸易不平衡。主要分析了贸易不平衡的原因。Barattieri（2014）指出全球不平衡中，美国是由于较大的货物贸易逆差和较少的服务贸易顺差，而日本、德国和中国是较大的货物贸易顺差和较小的服务贸易逆差。他从服务贸易视角解释了不平衡的原因，由于服务贸易的开放远滞后于货物贸易，导致主要不平衡国家难以通过货物和服务贸易平衡贸易。

第三，贸易与增长。主要包括了贸易与经济增长的模式。Hlatshwayo 和 Spence（2014）分析了需求和经济增长的模式，从可贸易品和不可贸易品的需求结构分析了不同的经济增长模式的形成。

第四，贸易与气候环境。主要包括边界调节税对于福利的影响。

Keen 和 Kotsogiannis（2014）分析了当碳排放价格在各国间存在差异时边界调节税的作用，结论认为当所有政策工具可以自由使用时，不需要边界调节税；而当碳税在部分国家受到限制时，边界调节税可以达成帕累托改进。

第五，贸易与金融市场。主要包括贸易密度和汇率的动态变化。Cho 和 Madrid（2014）分析了贸易密度和汇率动态联系，给出了两者负相关的证据。

第六，贸易弹性。主要包括贸易弹性的度量。Simonovska 和 Waugh（2014）使用新的方法测度了贸易的弹性。

第七，贸易的政治经济学。主要包括贸易政策制定的政治影响。Galiani and Torrens（2014）从理论和实证两方面分析了独裁、民主对于贸易政策的影响。Conconi 等（2014）分析了选举制度对于贸易改革的影响效应，发现选举会激励政策制定者选择保护的贸易政策，从而不利于贸易自由化。

第八，贸易与空间经济学。主要分析贸易和经济活动的地理分布。Allen 和 Arkolakis（2014）从理论和实证方面发现经济活动的地理分布至少在20%的水平上受到收入空间分布的影响。

第十节 小结

本章从七个方面系统地总结并梳理了2014年国外国际贸易前沿文献，包括异质性企业贸易、贸易福利与贸易自由化效应、全球价值链与生产分割、贸易与劳动力市场、贸易谈判与协定、贸易成本与贸易壁垒，以及其他领域。同时，解析了近三年文献的研究领域和期刊分布，归纳了变动趋势和方向。

异质性企业贸易文献领域，2014年呈现了几个突出的变化特征。一是从异质性企业的微观视角研究国际贸易问题已经成为前沿文献的主体，研究的主题逐步覆盖了所有贸易的相关领域。二是异质性企业贸易领域的研究正在以很快的速度不断向纵深方向发展。不仅研究主题在向更加细致的方向拓展，而且研究的范围和覆盖面也在不断增加。从微观异质性企业角度研究国际贸易问题已经成为主要发展趋势和方向。2014年异质性企业贸易领域的前沿研究文献主要集中在异质性企业贸易行为选择，以及其他政策或冲击的影响两个方向。

贸易福利与贸易自由化效应文献领域，2014年重点关注贸易福利效应，贸易对收入、制度变迁、生产率以及非正规劳动力市场的影响等，涉及的领域比较宽泛。

全球价值链与生产分割文献领域，2014年主要集中在附加值贸易的分解和核算、离岸外包的决策与效应研究，以及贸易和外包对工资水平影响的实证分析等。

贸易与劳动力市场文献领域，2014年关注贸易与劳动力市场匹配、贸易和劳动收入的风险、贸易与教育政策、贸易与劳动力市场转型、贸易比较优势和劳动技能分布，以及贸易改革的工资效应。

贸易谈判与协定文献领域，2014年的研究主要集中在经济一体化的影响效应、贸易摩擦和非合作均衡的条件、区域开放对于多边一体化的影响、贸易战与贸易合作均衡等。

贸易成本与贸易壁垒文献领域，2014年重点关注贸易成本下降与出口增长的理论与实证，地理和距离壁垒与服务贸易增长，语言壁垒与贸易变动，高速公路、运输基础设施投资与贸易关系等。

第六章

2013年国际贸易国外学术研究前沿

第一节 引言

近年来，国际贸易问题的研究成为经济学以及国际问题研究的热点，在经济学前沿文献中占据重要位置。原因主要有三个方面：一是理论上异质性企业贸易理论（或称为新—新贸易理论）的出现和接连不断的相关研究占据理论创新的前沿。二是国际贸易的不断发展、对经济增长作用的增强以及在国家相互之间关系中地位的上升，大大提高了国际贸易研究的现实重要性。三是全球金融危机之后，国际贸易的发展、贸易治理和协调成为重要议题，受到广泛关注。

综观2013年国外国际贸易领域的研究文献，重点研究主题有七个：异质性企业贸易、全球价值链贸易、贸易协定和贸易自由化的效应、引力模型的扩展和应用、贸易与劳动力市场、国际贸易新现象及解释、其他领域。其他领域的研究主题包括有：传统贸易理论、贸易不平衡、世界贸易组织、贸易政策制定、贸易结构以及金融与贸易。在这些主要的研究主题上，异质性企业贸易、全球价值链贸易处于绝对的主导地位，两个方面的文献量占所有重要贸易文献的近一半。

以八种最主要的经济学和国际贸易领域前沿期刊[①]统计，2013年这些刊物共发表了国际贸易领域相关研究60篇。其中，异质性企业贸易问题文献18篇，占总数的30%；全球价值链贸易问题的文献12篇，占总数的20%；贸易协定和贸易自由化效应文献8篇，占总数的13.3%；引力模型的扩展和应用文献4篇，占总数的6.7%。American Economic Review 和 Econometrica 这两个重要期刊上共发表7篇贸易类文献，其中贸易协定和贸易自由化效应文献4篇，全球价值链问题论文2篇，贸易新现象及其解释论文1篇（见表6-1）。图6-1和图6-2展示了2013年国际贸易文献的分布情况。

表6-1 2013年国外国际贸易研究文献分布情况

类别	AER	E	JPE	QJE	IER	REStudy	REStatis	JIE	合计
异质性企业	0	0	1	0	1	1	1	14	18
全球价值链贸易	1	1	1	0	0	1	0	8	12
贸易协定及贸易自由化	4	0	1	1	0	0	0	2	8
引力模型扩展和应用	0	0	0	0	0	0	0	4	4
贸易与劳动力市场	0	0	0	0	0	0	0	4	4
贸易新现象及解释	1	0	0	0	0	0	0	3	4
传统贸易理论	0	0	0	0	0	0	0	3	3
贸易不平衡	0	0	0	0	0	0	0	2	2

① 综述选取了八种最主要的经济学和国际贸易领域前沿国际期刊：American Economic Review，Econometrica，Journal of Political Economy，Quarterly Journal of Economics，International Economic Review，Review of Economic Studies，Review of Economic Statistics 和 Journal of International Economics。其他文献没有包括在内。

续表

类别	AER	E	JPE	QJE	IER	REStudy	REStatis	JIE	合计
世界贸易组织	0	0	0	0	0	0	0	2	2
贸易政策制定	0	0	0	0	0	0	0	1	1
贸易结构	0	0	0	0	0	0	0	1	1
金融与贸易	0	0	0	0	0	0	0	1	1
合计	6	1	3	1	1	2	1	45	60

注：表中，AER 是 *American Economic Review* 的缩写，E 是 *Econometrica* 的缩写，JPE 是 *Journal of Political Economy* 的缩写，QJE 是 *Quarterly Journal of Economics* 的缩写，IER 是 *International Economic Review* 的缩写，REStudy 是 *Review of Economic Studies* 的缩写，REstatis 是 *Review of Economic Statistics* 的缩写，JIE 是 *Journal of International Economics* 的缩写。

资料来源：笔者整理。

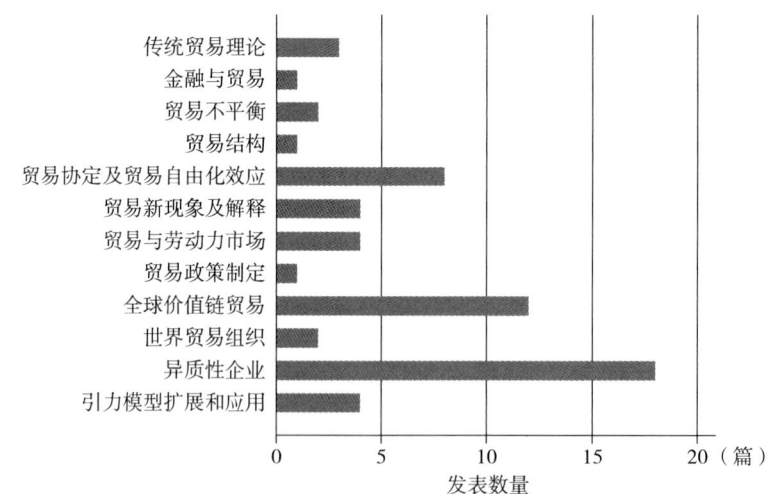

图 6-1　2013 年国外国际贸易研究文献主要领域分布

注：主要统计了八种重点经济学和国际贸易国际期刊得到的结果。

资料来源：笔者整理。

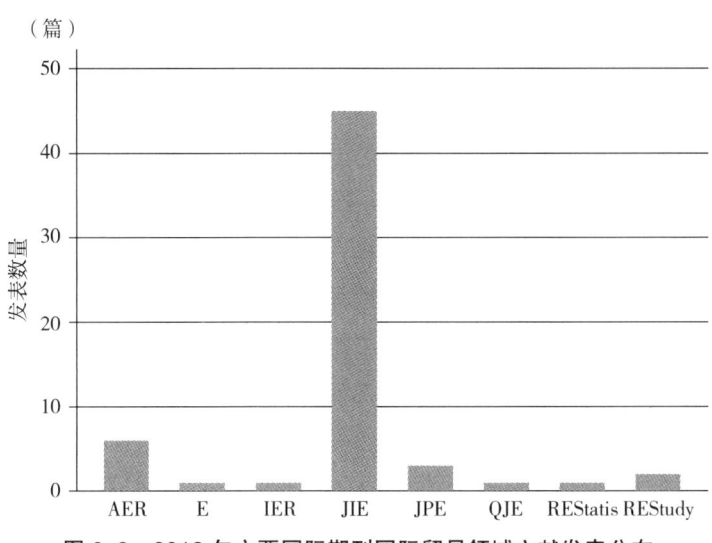

图 6-2 2013 年主要国际期刊国际贸易领域文献发表分布

注：AER 是 *American Economic Review* 的缩写，E 是 *Econometrica* 的缩写，JPE 是 *Journal of Political Economy* 的缩写，QJE 是 *Quarterly Journal of Economics* 的缩写，IER 是 *International Economic Review* 的缩写，REStudy 是 *Review of Economic Studies* 的缩写，REstatis 是 *Review of Economic Statistics* 的缩写，JIE 是 *Journal of International Economics* 的缩写。

资料来源：笔者整理。

从 2013 年国际主要刊物发表的国际贸易领域文献的分布上看，异质性企业贸易问题和全球价值链贸易问题是两个最重要的核心领域。但 2013 年文献和 2012 年相比仍然存在一些变化：第一，全球价值链贸易问题的研究逐渐成为贸易领域的核心问题。这在 2012 年的文献中并未显现。第二，贸易协定和贸易自由化效应问题的研究文献成为重要领域，特别是后者成为 2013 年国际贸易文献关注的重点，*American Economic Review* 和 *Econometrica* 上的贸易论文基本都属于这一领域。第三，异质性企业贸易理论领域的研究中，逐步开始重视分析贸易对异质性企业带来的影响，如对企业生产率影响、对企业创新的影响等。第四，传统贸易理论的研究文献所占份额大幅下降，2012 年的文献较多而 2013 年文献很少。此外，前两年较热门的贸易与环境等问题的研究也有所降温。

贸易研究的进展表明，贸易理论的发展和全球贸易模式、贸易格局的变动密切相关。目前，全球价值链贸易、区域一体化的快速发展是当前国际贸易发展的显著特点，这两个领域的贸易理论研究也在逐渐深入。

下文从七个方面详细介绍、梳理和总结 2013 年的国际贸易国外研究动态。在介绍文献的同时，重视对文献进行归类、梳理和评述。

第二节　异质性企业贸易

异质性企业贸易是近十年来国际贸易理论的最新发展与前沿，从企业异质性角度分析和探寻企业的对外贸易行为选择及影响。异质性企业贸易文献大体上可以归纳为四个方面：一是异质性企业的贸易行为选择，包括出口选择、进口选择、出口产品价格和质量选择、出口市场选择、出口产品种类选择（多产品模型）等，沿着纵向不断发展。二是贸易和贸易开放对异质性企业的影响，包括对企业效率和规模影响、对企业劳动要素价格影响、对企业资源配置的影响等。三是在异质性企业框架下分析其他政策措施及其影响，例如分析汇率变动对企业贸易行为的影响、融资约束对于企业贸易的影响、反倾销对于企业的影响等。四是生产率之外的企业异质性多元化及贸易行为选择（见图 6-3）。

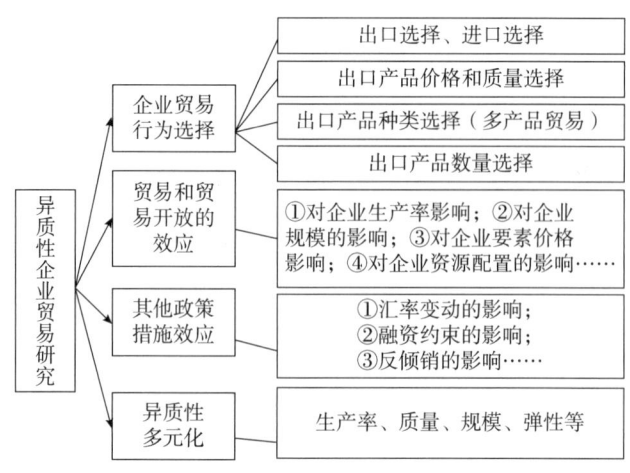

图 6-3　异质性企业贸易研究文献分类

资料来源：笔者整理。

2013年的异质性企业贸易文献中，占据主体的是贸易和贸易开放对异质性企业的影响（第二类），其次是异质性企业框架下其他政策措施及其影响（第三类），而异质性企业贸易行为选择（第一类）和异质性多样化（第四类）文献相对较少。在过去几年的文献中，占绝对主体地位的一直是异质性企业的贸易行为选择（第一类）。纵观异质性企业贸易文献的研究主题，呈现不断深化和扩展的趋势。最初的主题是研究异质性企业的出口贸易行为选择以及连带的贸易效应，而后不断在贸易行为领域拓展，逐步包括了异质性企业的出口产品价格和质量选择、产品的种类选择、产品出口市场选择、进口选择等。与此同时，在异质性企业贸易框架下分析政策措施的影响也逐步扩展。2013年以来，更多的文献开始反过来分析贸易和贸易开放对异质性企业生产率、要素价格、创新等的影响；同时，异质性的多元化也在逐步探索之中，包括产品质量、企业规模、产品需求弹性等（见图6-4）。

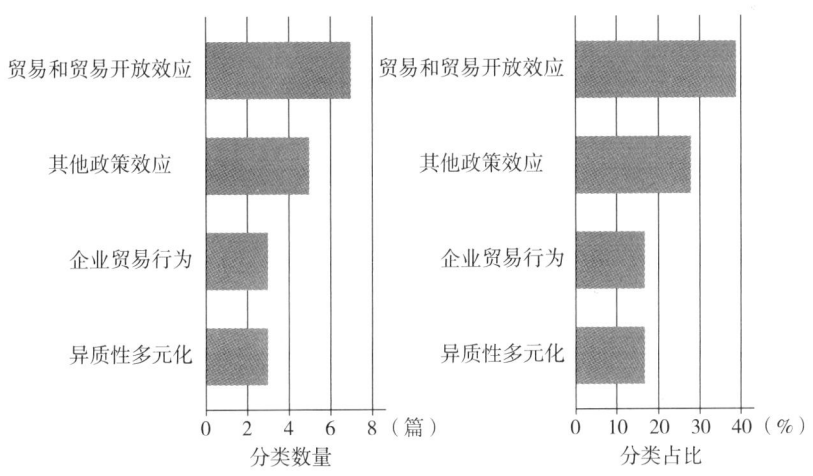

图6-4 2013年异质性企业贸易文献分类情况

资料来源：笔者计算整理。

第一，异质性企业贸易行为选择文献方面。出口市场进入和退出选择、出口产品种类选择（扩展的边际、多产品选择）是主要方面，对出口选择行为的研究不断深入到进入和退出两个方面，或者进一步扩展和简化模型。Impullitti等（2013）建立理论模型分析了异质性企业退出和进入出口市场的行为选择，发现沉没出口进入成本和企业生产率的不确定性影响企业出口行为选择，当企业的规模和生产率达到一定水平之后就会进入出口市场，并且一直保持出口状态，直至其生产率下降到最初进入出口市场的水平时才会退出。该文献同时分析了企业的生存、成长、出口市场进入和退出、"死亡"等选择。Kehoe 和 Ruhl（2013）提出了一个核算双边贸易中最初不出口或者很少出口的产品扩大出口引起贸易变动的方法，结果发现这些不出口产品的贸易增加是贸易增长的重要因素；扩展边际贡献了 10% 的北美自由贸易区内贸易增长、贡献了 26% 的美国与中国、智利和韩国贸易增长。Demidova 和 Clare（2013）建立了一个简化的小国 Melitz 模型，分析异质性企业的出口和贸易决策。

第二，异质性企业贸易和贸易开放效应的文献方面。贸易效应的研究通常是贸易理论的重要组成部分，主要分析国际贸易和贸易开放带来的影响。对于异质性企业贸易来说，多数文献研究企业生产率等异质性因素对企业贸易行为的影响；贸易效应的研究正好相反，分析贸易对于企业带来的影响。这一领域的研究文献没有统一的结论，因不同的主题而异。2013 年的相关文献主要研究了贸易和贸易开放对企业生产率、工资、创新、多产品企业、福利的影响等。

具体来看，Smeets 和 Warzynski（2013）在考虑价格异质性和多产品企业的情形下分析了出口、进口与企业生产率的关系，并分析了贸易对生产率的影响。结果发现，进口对企业生产率的正向提高作用大于出口，而既进口又出口的企业具有最高的生产率；同时发现了企业自我选择进入出口市场的证据，但进口没有自选择效应。Lozza 等（2013）分析了投资品贸易开放对企业贸易行为的影响，结果发现投入品关税的下降会增加高生产率企业的出口，但低生产率企业的出口会下降且出口概率也会下降。Fabling 和 Sanderson（2013）实证研究了企业进入出口市场的生产率动态变化，并分析了出口对于企业生产率的影响，发现了正向的激励作用；进一步的分析表明，出口对企业生产率效应存在三个方面：企业的出口自我选择效应，进入出口市场之后的学习效应，以及出口—投资联合决策效应。Giovanni 和 Levchenko（2013）在考虑企业规模分布的情形下分析贸易的福利效应，发现进入成本的变动对于福利的影响较小。

Irarrazabal 等（2013）分析了出口贸易对企业生产率和工资收益的影响效应，发现出口企业具有更高的生产率和工资，并解释了其中的原因。Liu 和 Rosell（2013）分析了多产品企业的贸易对创新的影响，结果发现在面临激烈的进口竞争时，企业的创新能力下降，解释了为什么面临激烈竞争时多产品企业会减少产品种类。Qiu 和 Zhou（2013）分析了全球化对多产品企业的影响，发现更加有效率的企业会扩展产品种类。

第三，异质性企业框架下有关政策措施效应的文献方面。所包含的政策措施可以有很多，例如信贷约束、汇率变动、原产地原则、反倾销等政策对异质性企业行为选择的影响。这一类文献属于在研究主题的广度上实际应用异质性企业贸易理论框架，进一步发展的空间较大。

具体来看，Manova（2013）从理论和实证两个方面分析了信贷约束对于异质性企业贸易的影响。理论分析揭示的影响机制包括三个方面：一是影响异质性企业进入国内市场的生产选择；二是影响国内制造商进入出口市场的选择；三是影响企业出口水平。实证分析发现，20%~25%的信贷约束对于企业贸易的影响是由于总产出的下降引起的。Bombarda 和 Gamberoni（2013）分析了原产地规则、累计规则对于异质性企业的影响，结果发现累计规则放松了原产地规则的限制，引起最没有效率的出口商停止出口。Lu 等（2013）分析了反倾销对异质性出口企业的影响，论文使用 2000~2006 年的月度中国出口企业数据分析了中国出口企业对于美国反倾销调查的反应，结果发现反倾销调查引起了总出口下降，并且是通过大幅减少出口企业数量实现的。Felbermayr 等（2013）在异质性企业框架下用理论建模方法分析了最优关税以及关税战（Tariff War）的福利损失，结果发现小国和贫穷的国家选择低的纳什关税水平，低交易成本和小的固定市场进入成本会带来高的均衡关税水平以及更大的福利损失。其他的还有如 Iacovone 等（2013）实证分析了中国出口上涨对墨西哥企业的影响。

第四，企业异质性多元化的文献方面。现有文献中，企业异质性的来源主要是生产率，90%以上或者说主流的异质性企业文献都是在生产率异质性的层面分析问题。对企业异质性多元化的考察虽然只有屈指可数的文献，却是一个新的方向。目前为止，生产率之外的企业异质性主要包括企业产品质量、企业规模和产品需求弹性等。

从具体文献来看。Kasahara 和 Lapham（2013）在假定企业存在生产率、运输成本和其他成本的异质性情形下，分析了企业的出口和进口行为选择，发现贸易存在明显的生产率和福利收益。Spearot（2013）在需求弹性异质性的假定下分析了关税自由化的效应，发现低收益企业的获益更大，而高收益的企业获益较少甚至负收益。Fasil 和 Borota（2013）分析了企业生产率和质量异质性的情况下，世界贸易模式和价格的决定，指出企业的产品质量和成本效率构成了竞争力的来源，带来了不同的出口和进口价格。

第三节 全球价值链贸易

全球价值链贸易是近年来国际贸易理论和政策领域关注的重点领域。这方面的研究包括从行业和国家层面对垂直专业化及附加值贸易的分解和核算；对全球价值链及其所涉及的生产分割、垂直专业化贸易、中间品贸易的形成原因、模式选择及效应的研究；对引入附加值贸易后与贸易有关问题政策含义的分析，如贸易保护的效应、贸易不平衡、贸易与环境、比较优势测算的调整等，以及反映全球价值链贸易的统计数据库的构建。

从 Hummels 等（2001）以来，诸多学者对垂直专业化、附加值贸易的测算进行了研究，他们提出了 VS、VS1、VS1*、VAX 等测算指标。Koopman 等（2012）构建了一个综合的数理分解方程，将总出口按附加值方法进行了分解，这一方程可以将以前各指标融入统一的框架。Wang 等（2013）在 KWW（2012）的基础上，将分解方程从国家层面推进到部门、双边及双边部门层面，并利用 WIOD 数据库，对 1995~2011 年 40 个贸易国的 35 个部门的双边出口进行了分解。

一些文献致力于将全球价值链序列生产模式纳入一般均衡模型分析框架，代表性成果包括 Antras 和 Chor（2013）、Costino 等（2013）、

Baldwin 和 Venables（2013）等。Costino 等（2013）研究了垂直一体化条件下，各国或全球的技术冲击对同一生产链条上国家的不同影响，他们认为价值链上的专业化模式选择对全球收入分配的跨国传递有影响。Baldwin 和 Venables（2013）提出了全球化生产中外包和聚集的两种极端的模式：蛇型及蜘蛛型，他们采用不同生产阶段的附加值模型，揭示了贸易流动对贸易摩擦的非线性反映。Antras 和 Chor（2013）通过引入生产阶段的技术排序，构建了厂商边界的产权模型，模型的主要结论是：全球价值链上的所有最优模式取决于生产阶段是替代的还是互补的，当最终产品厂商面临的需要弹性较大，则存在临界生产阶段，在此临界阶段以上的环节采用外包生产，而临界点后的阶段则进行一体化。

考虑附加值贸易后，对一些贸易政策的传统判断将需要进行调整。Jensen 等（2013）采用美国的两组数据，即厂商层面的微观数据和国家层面的宏观数据，研究了全球价值链的参与程度和反倾销诉讼的关系，结论表明，随着厂商或一国参与全球价值链贸易的深入，贸易保护的需求倾向下降。Becker 等（2013）采用德国跨国公司厂商水平数据，分析了外包和内包在劳动力人力资源选择上的关系，发现外包通常选择更高受教育程度的劳动力。

以上分析表明，2013 年全球价值链研究在理论模型的构建、统计方法的完善和全球 I-O 表等统计数据的构建上都取得了一定的突破，但全球价值链的理论研究仍有许多未解之题，预计该领域未来几年将继续成为国际贸易理论和实证领域研究的热点。

第四节　贸易协定及贸易自由化的效应

一、贸易协定的形成机制

随着全球区域一体化浪潮的推进，区域一体化的理论和实证研究受到重视，主要前沿期刊上的相关文献明显增加。2013 年，该领域主要进展集中于对基于政治经济学方法来分析贸易协定动因的理论推进与实证检验。用政治经济学分析贸易协定形成,这一分支在20世纪90年代发展较快,代表性文献如Bagwell和Staiger(1990)等。2013年该领域的研究在理论研究方面继续推进,在实证研究方面取得突破。实证研究方面,Bown和Crowley(2013)对Bagwell和Staiger(1990)贸易条件分析法模型首次进行了实证检验,结果支持了Bagwell和Staiger(1990)的理论,他们发现相对较低贸易关税均衡能够通过无限期纳什高关税均衡的威胁而达到,政府会最优地选择低水平合作关税以获得更多的贸易收益。Ludema和Mayda(2013)分析了贸易条件效应与贸易协定的相关性,在"竞争性出口商"的博弈模型基础上,他们采用36国数据进行实证研究,结果表明贸易协定有助于减缓贸易条件效应。在理论研究方面,Limão和Maggi(2013)研究了贸易协定对降低不确定性的作用。Facchini等(2013)采用政治经济学模型分析了为什么区域贸易一体化更多采用自由贸易区(FTA)的形式而不是关税同盟(Customs Union)的形式,结果发现自由贸易区与关税同盟相比更加能够增加潜在成员的福利。Mrázová等(2013)采用多国寡头垄断模型,分析GATT/WTO第24条对关税同盟形成的关系,认为该条款影响了关税同盟形成的内生决定,对全球福利水平有负面影响。

二、贸易自由化的效应

贸易自由化的效应是国际贸易理论中的重要主题,包括在经济增长、就业、要素配置、要素价格的影响等多个方面。同时,在不同的理论框架下都可以分析贸易自由化的影响,古典贸易理论、新贸易理论和异质性企业贸易理论都会涉及贸易自由化的影响。另外,直接的实证研究也会涉及贸易自由化的影响。2013年的文献包括贸易自由化对不同性别劳动力的影响、制度对贸易自由化效果的影响等。Juhn等(2013)在贸易自由化与性别的关系方面进行了开拓性研究,他们基于异质性厂商实证模式,采用墨西哥938个厂商1991~2000年的面板数据,分析了贸易自由化对性别收入不平等的影响,发现贸易自由化有助于促进女性在蓝领行业的就业，对在白领行业就业无明显的促进作用。Khandelwal 等（2013）研究了配额取消对中国纺织品服务出口生产率增长的影响，发现当一国的贸易政策被无效率的扭曲时，贸易自由化带来的收益会出乎意料的大。Atkin（2013）研究了贸易对地区偏好差异的影响。Kovak（2013）在区域的角度分析了贸易自由化对工资和劳动市场的影响，区别于其他文献从国家角度的分析；结果发现当贸易自由化对价格的影响较大、产业容纳的本地就业较多以及产业劳动需求弹性较大时，自由化对本地工资的效应更大。

第五节　引力模型的扩展和应用

引力模型是测算双边贸易流向的经典贸易模型。自 Anderson（2003）构建了内生价格的结构引力模型，为引力模型提供了理论基础后，Eaton 和 Kortum（2002）、Chaney（2008）、Melitz（2003）、Helpman 等（2008）等将生产率异质性及零贸易引入，重新完善了引力模型的理论基础，构建了新一代的引力模型。2013 年，Bergstrand 等（2013）、Novy（2013）、Anderson 等（2013）、Dutt 等（2013）、Costinot 和 Clare（2013）对引力模型的理论基础、参数估计、应用等方面的研究进行了推进。

Bergstrand 等（2013）认为当前引力模型的文献无法提供对贸易成本弹性的无偏估计，而这一变量对一般均衡比较静态分析又是至关重要的。他们以 Krugman（1980）的垄断竞争和规模报酬递增模型为基础，构建了结构引力模型，并估计了引力模型的参数、消费替代弹性，以及一般均衡贸易流量和经济福利的比较静态值。在此基础上，对 McCallum（1995）提出的"边界之谜"进行了研究，给出了替代弹性的无偏估计值。Novy（2013）采用与传统模型不同的需求函数—超越对数需求函数，推导出内生贸易成本弹性的引力模型，弹性大小受贸易伙伴国间的双边贸易强度影响，进口国从某一出口国进口的商品越少，进口对贸易成本的变动越敏感。由此突破了传统引力方程中贸易量对贸易成本的替代弹性不变的假定。

Anderson 等（2013）对引力模型的研究有两个突破：一是将跨境贸易的规模效应引入结构性引力模型，二是将汇率引入引力模型。在该模型基础上，他们研究了汇率影响贸易模式的两个渠道：规模效应和不完全传递。在实证分析中，他们采用加拿大跨境出口美国的省级贸易数据，证实了跨境贸易的规模效应较为显著，汇率对贸易的实际效应受到阻碍。Dutt 等（2013）将 Chaney（2008）推导的具有扩展边际和集约边际的引力模型应用到对 WTO 效应的研究中。由此解释了 Rose（2004）所提出的 WTO 之谜，即国际贸易规则的最大变化对贸易伙伴国间的贸易量无显著影响。他们将贸易量分解了扩展的边际和集约的边际，发现 WTO 使扩展边际提高了 25%，而对集约边际的影响为负。他们具体分析了成本结构的影响，发现加入 WTO 的影响主要是降低了固定成本，而非可变成本。Costinot 和 Clare（2013）探讨了采用引力模式进行福利分析及反事实分析的方法，这一方法体现了新一代贸易量化分析的特点，是带有数字的贸易理论模型。

第六节　贸易与劳动力市场

贸易对工资、就业市场的影响是国际贸易研究的主题。这方面的研究不仅具有理论意义，也具有较强的政策含义。一些具有价值取向的研究为政府间的博弈提供了理论依据，如 Autor 等（2013a）。2013 年，这一领域的研究突破主要集中在三个方面：中美贸易对美国就业的影响、贸易自由化对工资差异的影响、考虑外包后贸易与工资、就业的关系。

Autor 等（2013a）关于"中国综合症"的研究对理论和政策领域均产生了广泛的影响。他们采用 Eaton 和 Kortum（2002）的分析框架，研究快速增长的中国出口，以及由此引发的贸易顺差对美国各地劳动力市场的影响，认为：中国出口增加了美国制造业产业的失业，降低了美国的劳动参与率和工资水平，美国制造业就业的总损失中有 25% 是由中国出口造成的,由此政府在失业、残疾、退休和医疗等方面的转移支付也相应地快速增加。苏庆义(2013)[1]提出了该论文三方面的问题:该文仅考虑了中国贸易对美国劳动力市场的影响,而未考虑中国贸易对美国资本要素的影响;没有考虑全球价值链分工情况,由此夸大了中国对美国贸易顺差对美国劳动力市场的影响;过于突出美国劳动力市场如何受到短期冲击,而忽视了美国通过与中国的贸易提高了自身的长期整体福利。其研究结论具有明显的价值趋向,在理论上与其他一些美国学者的研究结论也不符。

贸易自由化与不平等的关系在近20年来已经有广泛的研究。2013年,这方面的研究又取得了一些新进展。Baumgarten(2013)采用德国厂商水平制造业的就业数据,验证了异质性厂商贸易理论所提出的机制:贸易自由化通过劳动力在不同厂商间的重新配置,提高了同行业内厂商间的工资差距。实证结果支持了理论分析:欧洲一体化带来的出口扩张显著提高德国高技能劳动力间的工资差距。Basco 和 Mestieri(2013)采用南北贸易模式,研究了两类全球化(低技术密集型商品贸易增加为主的全球化,以及中技术密集型商品贸易增加为主的全球化)对两类高劳动力(高技能与低技能)工资差异的影响,这种影响在南方和北方国家又有所不同。Harris 和 Roberson(2013)认为,传统的关于贸易自由化与工资的研究中采用静态模型,忽视了要素供给外生的假设,忽视了贸易对教育、技术行为、人力和实物资本形成的影响。他们构建了一个动态贸易模式,并用中国和印度的数据进行了校准,尝试对贸易自由化与劳动力市场的动态关系进行研究,结果表明,贸易自由化带来的高技术劳动力工资水平的相对提高具有短期性,长期中该效应消退。

其他的研究中,Chaney 和 Ossa(2013)采用体现生产链特点的一般均衡模型,总结了 Krugman(1979)的新贸易理论,其研究也可视为对亚当·斯密"劳动分工受市场规模的限制"理论的规范推导。Ranjan(2013)研究了外包和失业以及工资的关系,发现外包成本和失业之间存

---

[1] 苏庆义.把脉中国综合症[EB/OL].中国社会科学网,http://www.cssn.cn/,2014-01-09[2019-11-01].

在非一致的关系，外包成本下降后，失业会先下降但接着会提高。

第七节 国际贸易新现象及其解释

国际贸易中不断涌现一些新的现象和新的问题，发现这些新现象并从理论上给出合理的解释，或者观察到现有文献没有注意的新问题并进行研究，往往能够起到填补文献空白和发现新问题的作用，具有一定的创新性。这一领域的文献也构成了国际贸易研究的组成部分。但该领域的文献通常浅尝辄止，起到抛砖引玉作用，数量上一般不会占主体地位。

2013年国际贸易领域中该类型的文献同样屈指可数。Hummels 和 Schaur（2013）分析了时间贸易壁垒，指出越来越多的贸易采用航空运输，因为时间成本在不断增加。文献构建模型分析了出口商在快而昂贵的航空运输以及慢而廉价的海洋运输之间的抉择。Chaney 和 Ossa（2013）在异质性企业贸易框架下分析了任务贸易[①]（task trade）这一新现象，产品生产链中一系列任务由不同的专业组完成。Blum 等（2013）分析了偶尔出口企业和持续出口企业的现象，发现了一系列关于企业出口进入和退出的特征：一是大约有1/3的出口企业多次进入和退出出口市场；二是大多数的连续出口企业多次进入和退出某一特定的国家市场；三是企业再次进入出口市场通常销售同样的商品。Regolo（2013）分析了企业出口市场和国家的多样化，探究了贸易伙伴选择的重要性。

第八节 其他领域

---

① 已经有一些文献对任务贸易（Task Trade）进行过分析（Grossman，G.M.，E.R. Hansberg. Trading Tasks：A Simple Theory of Offshoring［J］. American Economic Review，2008，98（5）：1978-1997.），但对任务贸易的分析基本还是一个新的领域。

我们将所有其他领域涉及的文献整理汇总在这一部分,界定的标准是涉及的文献数目。列为其他领域不是说这些领域不重要,而主要是因为在2013年的贸易文献中这些领域涉及的研究不多。其他领域主要包括了六个方面:传统贸易理论、贸易不平衡、世界贸易组织、贸易政策制定、贸易结构、金融与贸易。

(1)传统贸易理论。传统贸易理论领域的研究是指对古典、新古典以及新贸易理论进行的扩展和推进,或者与最新理论相结合进行的分析。具体文献上,Crozet 和 Trionfetti(2013)研究了企业层面的比较优势,发现资本丰富国家的资本密集产业中企业的相对边际成本较低。Brakman 和 Marrewijk(2013)发现国家之间不同模式的城市化会引起贸易模式不同于 H-O 模型的结果。Finicelli(2013)在李嘉图框架下分析了贸易和平均生产率的关系,指出由于比较优势的存在,贸易的自我选择效应导致低生产率行业退出市场,贸易带来更高的平均生产率。

(2)贸易不平衡。该领域主要对全球贸易失衡问题进行研究,属于现实领域的重要主题之一。具体文献上,Jacob 和 Peersman(2013)使用一个两国的动态随机一般均衡模型,发现对投资边际效率的冲击可以解释一半的美国贸易失衡波动。Corsetti 等(2013)分析了企业框架下的转移问题(Transfer Problem),并分析了美国的贸易不平衡和赤字。

(3)世界贸易组织。该领域研究 WTO 的相关问题,2013 年相关文献较少。Mrazova 等(2013)分析了 WTO 第 24 条有关抑制关税同盟增加共同外部关税条款的影响,发现该条款可以通过降低贸易壁垒而增加福利。Dutt 等(2013)分析了 WTO 对贸易扩展边际和集约边际的影响,发现 WTO 的作用更多地在于降低贸易的固定成本而不是可变成本。

(4)贸易政策制定。该领域文献主要研究贸易政策的形成和制定过程,以及影响的因素。2013 年相关文献很少,Celik 等(2013)建立了一个博弈模型分析贸易政策制定的过程,分析了贸易政策制定中的影响因素。

(5)贸易结构。该领域文献主要研究与贸易结构相关的问题,2013年的相关文献较少。Hu 和 Mino(2013)分析了贸易结构和信念驱动(Belief Driven)型全球经济波动的关系,发现贸易结构状况会影响全球经济的波动。

（6）金融与贸易。该领域文献主要研究金融与贸易的相关关联问题，2013年的相关文献很少。Eisenlohr（2013）分析了贸易金融理论，分析了支付合同的最优选择，发现均衡合约是由金融市场特征和合同环境共同决定的。

第九节 小结

本章从七个方面分析并评述了2013年国际贸易领域的主要文献动态：异质性企业贸易、全球价值链贸易、贸易协定及贸易自由化效应、引力模型扩展和应用、贸易与劳动力市场、国际贸易新现象及其解释、其他领域。其他领域包括：传统贸易理论、贸易不平衡、世界贸易组织、贸易政策制定、贸易结构、金融与贸易等。

2013年的国际贸易文献中，异质性企业贸易和全球价值链贸易占据绝对主体地位，是国际贸易研究的理论前沿和重点；与此同时，贸易协定及贸易自由化效应的重要性大幅提升，最主要经济学期刊中该领域文献占多数，贸易开放的效应成为重要问题，尤其是在异质性企业框架下分析贸易开放的效应。

异质性企业贸易文献中，占据主体的是贸易和贸易开放对异质性企业的影响，其次是异质性企业框架下其他政策措施及其影响，而异质性企业贸易行为选择和异质性多样化文献相对较少。异质性企业贸易文献通常分析企业的贸易行为选择，但2013年的文献开始反过来重视贸易和贸易开放对于异质性企业生产率、创新和要素价格的影响。

全球价值链贸易的研究包括从行业和国家层面对垂直专业化及附加值贸易的分解核算，对所涉及的生产分割、垂直专业化贸易、中间品贸易的形成原因、模式选择及效应进行研究。全球价值链贸易的文献在理论模型构建、统计方法完善以及全球投入—产出表的构建方面取得了一定突破。

贸易协定及贸易自由化的效应涉及贸易协定的形成机制以及贸易自由化的效应。引力模型的扩展和应用属于贸易壁垒和贸易成本领域。贸易与劳动力市场属于贸易的要素市场效应领域。贸易的新现象主要分析了时间贸易壁垒、任务贸易以及持续出口和不出口等新现象。其他领域包括了传统贸易理论、贸易不平衡、世界贸易组织、贸易政策制定、贸易结构等。整体上，2013年的国际贸易研究前沿集中在异质性企业贸易问题、全球价值链贸易问题以及贸易开放的效应三个方面，其中异质性企业贸易和全球价值链贸易处于更加主体的位置，但贸易开放效应的重要性也在不断提高。

第七章

2012年国际贸易国外学术研究前沿

第一节 引言

2012年国外国际贸易学术研究[①]的主要方向和学术前沿集中在新—新贸易框架下的理论扩展与实证发现，包含两个分支：其一是异质性企业的贸易行为与模式选择及其经济效应，涉及企业的出口行为选择、出口模式选择、出口产品种类选择、出口市场选择和出口产品质量选择等多方面；其二是异质性企业的生产组织行为选择，涉及全球生产网络、生产分割和垂直专业化分工，企业在外包和一体化之间抉择等。

在新的贸易理论不断发展的同时，仍然有不少研究对传统的李嘉图比较优势理论、要素禀赋理论进行扩展、应用和检验，这表明传统贸易理论对现实贸易模式仍有较强的解释力。贸易与宏观经济、贸易的政治经济学、贸易与要素价格等领域的研究都有一定的进展。与此同时，贸易与环境、国际金融危机对贸易的影响、中国贸易等现实热点问题也是学者们关注的重点。本章从异质性企业贸易、传统贸易理论的扩展、生

[①] 由于国外有关国际贸易领域的研究文献很多，我们这里的综述只选取富有影响力和代表性的重要学术期刊与工作论文中包含的文献。选取的期刊包括：*American Economic Review*、*Econometrica*、*Journal of Political Economy*、*Quarterly Journal of Economics*、*International Economic Review*、*Review of Economic Study*、*Review of Economic Statistics*、*Journal of International Economics*、*Journal of Development Economics*、*Canadian Journal of Economics*；选取的工作论文有 NBER Working Paper。

产分割、贸易与要素价格、贸易与环境、贸易协定、贸易与宏观经济、贸易的政治经济学、贸易与知识产权保护以及现实贸易问题十个方面综述、总结和评论2012年度国外国际贸易领域研究的学术前沿和动态。2012年国际贸易领域公开发表的学术论文中，按照本章所选主要期刊和工作论文的结果核算，异质性企业贸易、传统贸易模型以及生产分割是集中文献最多的三个领域，分别有文献31篇、16篇和13篇，占所有选取贸易领域论文数的32.6%、16.8%和13.7%。从最主要的八种经济学期刊[①]统计结果看，异质性企业贸易领域的研究占研究论文总数的50%以上，垂直专业化和生产分割领域的研究占研究论文总数的11.1%，传统贸易模型领域占9.3%（见表7-1和图7-1）。由此可见，异质性企业贸易是名副其实的2012年国际贸易学术研究的前沿和主要集中领域；与此同时，传统贸易理论框架下的扩展、垂直专业化及生产分割、贸易协定、贸易与要素价格等也是重要的研究领域和方向。

表7-1 2012年国外国际贸易学术研究的领域分布　　　单位：篇

领域	整体	AER	E	JPE	QJE	RES	IER	JIE	主要
异质性企业	31	1	1	0	3	3	1	18	27
传统贸易模型	16	1	0	0	0	1	0	3	5
垂直专业化、生产分割	13	1	0	0	0	0	0	5	6
贸易与要素价格	8	0	0	0	0	0	0	4	4
贸易政治经济学	2	0	0	0	0	0	1	1	2
贸易与知识产权	3	0	0	0	0	0	0	2	2
贸易与宏观经济	4	0	0	0	0	0	0	1	1
贸易与环境	3	0	0	0	0	0	0	0	0

① 指 American Economic Review, Econometrica, Journal of Political Economy, Quarterly Journal of Economics, International Economic Review, Review of Economic Study, Review of Economic Statistics, Journal of International Economics。

续表

领域	整体	AER	E	JPE	QJE	RES	IER	JIE	主要
现实热点问题	7	0	0	0	0	0	0	3	3
贸易协定	8	0	0	0	0	0	1	3	4

注：①表中数字表示发表学术论文的篇数。②整体是指本章所有选取期刊的总和，是指最主要的经济学期刊，这里包括 American Economic Review、Econometrica、Journal of Political Economy、Quarterly Journal of Economics、International Economic Review、Review of Economic Study、Review of Economic Statistics 和 Journal of International Economics。③AER 是 American Economic Review 的缩写；E 是 Econometrica 的缩写；JPE 是 Journal of Political Economy 的缩写；QJE 是 Quarterly Journal of Economics 的缩写；RES 包括 Review of Economic Study 和 Review of Economic Statistics；IER 是 International Economic Review 的缩写；JIE 是 Journal of International Economics 的缩写。

资料来源：笔者计算整理。

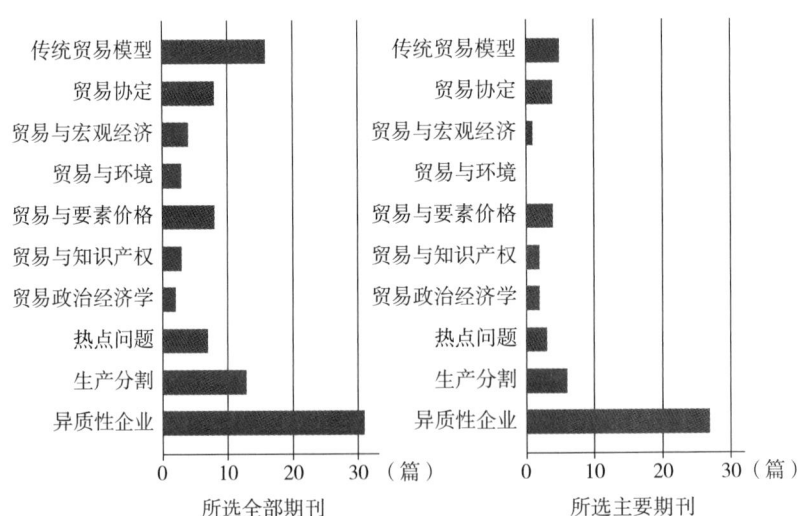

图 7-1　2012 年国际贸易研究国外重点期刊发表学术论文的领域分布

注：①所选全部期刊是指本章所有选取期刊的总和；所选主要期刊包括 American Economic Review、Econometrica、Journal of Political Economy、Quarterly Journal of Economics、International Economic Review、Review of Economic Study、Review of Economic Statistics 和 Journal of International Economics。②数值单位是篇数。

资料来源：笔者计算整理。

第二节 异质性企业贸易的研究

异质性企业贸易领域的研究主要分三个方面:第一,对异质性企业贸易决策的分析与解释;第二,在异质性企业模型框架下分析贸易自由化的经济效应;第三,在异质性企业模型框架下分析贸易政策变动对企业贸易行为和其他行为决策的影响。就这三个方面比较而言,第一方面集中了大多数的文献,也是更重要的内容和领域。2012年的研究文献除了关注企业出口行为决策、出口目的地选择和出口产品种类的选择外,更多地分析企业的产品质量和价格决定。图7-2列出了该领域研究文献的分类。

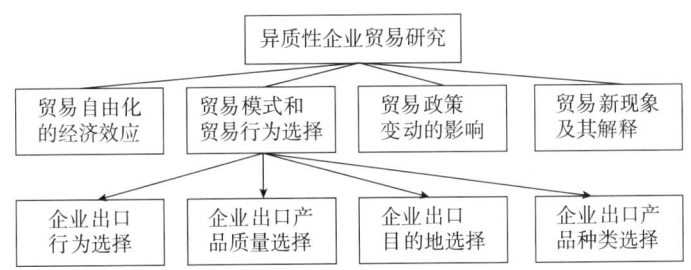

图7-2 异质性企业贸易研究文献的分类

资料来源:笔者整理。

一、异质性企业贸易模式和贸易行为的决策

(1)对企业出口行为选择的分析。传统异质性企业理论认为,生产率相对高的企业才选择出口,而生产率低的企业只供应国内市场。Egger 和 Kreickemeier(2012)的理论与实证研究发现,企业劳动者的管理才能会影响企业的生产率水平,进而影响出口行为,故而管理人员比例大的企业更倾向于出口。Holmes 和 Stevens(2012)的研究发现,规模大的企业会更多出口,因为它们能够开展更远距离的贸易。Oldenski(2012)分

析了信息传导成本对于异质性企业出口贸易和对外直接投资选择的影响，揭示信息传导成本低的企业更容易出口和对外直接投资。Caliendo 和 Rossi-Hansberg（2012）创立了内生的生产组织形式模型，他们的研究认为，需求的异质性引发了生产率的异质性。厂商的出口行为将促使企业增加管理的层级，这种新的组织结构引发了更高的生产率。其他相关的还有如 Tang（2012）、Vannoorenberghe（2012）和 Arndt 等（2012）等的研究。

（2）出口产品质量的选择。质量和价格是紧密相连的，不同的质量会定不同的价格，所以对于价格决策的分析一般也都属于质量研究范围。对出口产品质量的选择研究是 2012 年异质性企业贸易领域分析的主要方向，基本的结论是：大的企业、高生产率的企业以及更加成功的企业会更多地生产和出口高质量的产品。Manova 和 Zhang（2012）的研究发现，更成功的出口企业会使用高质量的投入生产高质量的产品；另外，企业会根据出口目的地的不同选择不同质量的产品。Kugler 和 Verhoogen（2012）指出，大企业会使用更高价格的投入品，而对出口产品定更高的价格，原因是他们投入品和产品的质量较高。Crozet 等（2012）的实证分析得出，企业的质量选择能提高出口产品价格、市场进入的概率和出口值。Johnson（2012）发现企业产品质量与企业规模呈正相关，价格随着进入出口市场难度的增加而提高。其他的还有如 Feestra 和 Romalis（2012）、Chisik（2012）等的相关文献。

（3）出口目的地选择，即出口市场和出口伙伴国的选择。主要的研究结论是：高生产率和规模较大的企业会更多地向发达国家市场、更远距离的市场出口，而对发达国家市场的出口能够获取更多的利润。对出口目的地选择的研究文献并不多，主要有：Schmeiser（2012）的研究发现，新进入的出口企业会选择规模大的国家、与本国相似的国家；而已经进入其他国家市场的企业会进一步出口较远、与本国差异大且不发达的国家。

（4）出口产品种类选择，即多产品贸易和扩展的边际（Extensive Margin）。该类文献的主要结论是，多数企业会不断地改变出口产品种类，而产品的转变会重新配置资源到最有效率的企业。2012 年我们选定的期刊中没有该领域的文献。

二、异质性企业贸易模型框架下贸易自由化的经济效应分析

异质性企业贸易模型框架下贸易自由化的经济效应分析包括福利效应、对工资的影响、对集约和扩展边际的影响等。主要的文献有：Costas 等（2012）在异质性企业贸易框架下分析贸易自由化的福利效应，发现贸易的福利效应并不大，这个结果与古典贸易模型的结论差别不大。Amiti 和 Davis（2012）分析了贸易自由化对于企业工资的影响，发现最终产品关税下降会减低进口竞争企业的工资而提高出口企业的工资，投入品关税下降会增加进口企业的工资而降低使用本地投入品企业的工资。Buono 和 Lalanne（2012）以法国企业为样本分析了乌拉圭回合的贸易自由化对于企业集约边际和扩展边际的影响，发现关税减让增加了企业的出口，但并没有增加出口企业的数量，即集约的边际增加是贸易自由化的主要效应。相关其他文献还有如：Bas（2012）、Edmond（2012）以及 Loecker 等（2012）等。

三、异质性企业贸易框架下分析贸易政策变动对企业行为的影响

该领域涉及的主题较多，没有统一的结论，但结果基本都是异质性企业具有异质性反应。主要文献包括：Berman 等（2012）在异质性企业贸易模型框架下分析汇率变动对企业的影响，发现好的企业在本国货币贬值时会较多地提高利润而较少增加出口量。Krautheim（2012）在异质性企业贸易框架下分析距离对贸易的影响，发现集约的边际未受影响而扩展边际增加了。其他相关研究还包括 Bergin 和 Lin（2012）。

四、其他有关异质性企业贸易的现象及其解释

主要文献有：Grossman 和 Hansberg（2012）分析了要素禀赋相似国家之间的工作任务贸易（Task Trade）。Albornoz 等（2012）研究了企业的

相继出口（Sequential Trade）现象，分析为什么有些新进入出口市场的企业会很快退出，而另一些企业会改变出口目的地。Bekes 和 Murakozy（2012）分析了异质性企业的临时贸易（Temporary Trade）选择，即很多企业的出口行为往往是暂时的和一次性的。Eaton 等（2012）从理论模型角度将总量数据和企业微观数据联系起来，能够同时分析微观数据情况和宏观数据特征。Hummels 和 Schaur（2012）研究了企业出口贸易中的运输方式选择问题。

第三节　传统贸易理论的扩展及应用

本节研究主要可分为三个方面：第一，在李嘉图比较优势理论模型基础上的扩展及新的检验；第二，在 H-O 要素禀赋理论基础上的扩展及新的检验；第三，对贸易测量方法的扩展及应用。图 7-3 总结了研究的方向和文献。

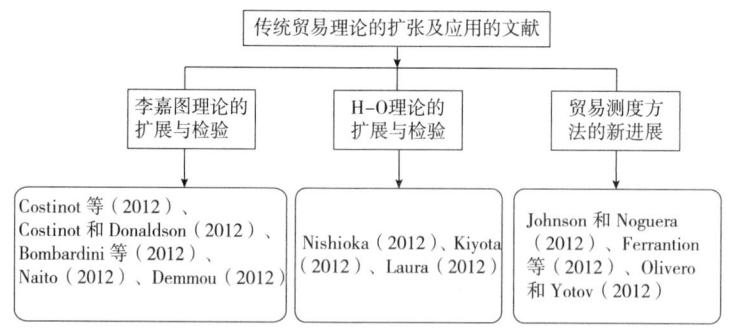

图 7-3　传统贸易理论领域的文献总结

资料来源：笔者整理。

一、在李嘉图比较优势理论模型基础上的扩展及新的检验

李嘉图的比较优势理论是国际贸易领域最重要的理论之一，但是

近50年来，很少有研究对这一理论进行实证检验，原因是没有一个非常清晰的理论基础来支持实证研究。Costinot 等（2012）、Costinot 和 Donaldson（2012）对这一领域进行了推进，他们在 Eaton 和 Kortum（2002）模型基础上，建立了结构性贸易李嘉图模型并对模型进行了实证检验，其实证研究结果支持了李嘉图比较优势理论。

此外，一些研究在李嘉图模型基础上，研究了生产率、技术进步、内生增长与贸易的关系。主要文献包括：Bombardini 等（2012）对生产率与出口的关系进行了探索，他们将基于产业层面的李嘉图比较优势理论与基于厂商层面的以 Melitz（2003）为代表的异质性厂商理论结合，探讨了产业生产率差异及企业生产率差异这两者的相互关系及对厂商出口表现的影响。他们提出企业自身生产率差异对出口影响为直接效应，而较高同行企业生产率对出口影响为间接效应。同时，通过采用智利和哥伦比亚的厂商水平数据对理论进行了验证，实证结果支持了理论假说，产业的特定生产要素，本国及外国非对称的替代性引发了负的间接效应。Naito（2012）在李嘉图模型基础上，构建了具有内生贸易状况的贸易与内生增长的两国连续商品模型，探讨了贸易自由化对长期经济增长的影响。他们认为，贸易成本的永久性下降将提高所有国家的资本增长率、增加进口种类和出口种类，以及提高所有国家的福利水平。Demmou（2012）在连续商品的李嘉图模型（Dornbush et al.,1977）的框架下，探讨了技术冲击的福利影响，与现有模型不同，他们采用了非位似的需求方程，其价格弹性和收入弹性由技术来内生决定，技术差异影响了消费模式及必需品与奢侈品的替代弹性。由此他们研究了发达国家技术进步对与其贸易的发展中国家福利水平的影响。

二、对 H-O 要素禀赋理论的新扩展及检验

与李嘉图理论不同，从 Leontief（1953）提出"里昂惕夫之谜"开始，50多年来，对 H-O 理论的实证检验的研究一直在持续推进。2012年，Nishioka（2012）、Kiyota（2012）、Laura（2012）等对这一领域的贡献包括实证检验方法的完善、新数据的发掘和使用等。传统理论用加总的要

素禀赋的差异来研究贸易模式选择，而 Bombardini 等（2012）认为要素的分布，而不仅仅是要素禀赋总量，将对贸易模式有影响。他们采用微观数据研究了技术分散度的关系，实证研究发现，技术分散度对贸易流量的影响与加总人力资本的影响类似。Nishioka（2012）研究了国家间、要素间、行业间生产技术差异对贸易模式选择的影响。Kiyota（2012）的实证研究结果表明，相对于单锥 H-O 模型，数据更支持多锥 H-O 模型。Laura（2012）在 Trefler 和 Zhu（2005，2010）的基础上，采用以调查数据为基础的亚洲投入产出数据，对包括外包模式的贸易的要素含量进行了测算。

三、在贸易测量方法领域取得了新进展

Johnson 和 Noguera（2012）将投入产出数据与双边贸易数据结合，计算了双边贸易增加值占总出口比重（VAX ratio），并将其用于对中美贸易不平衡的测算中，计算结果表明，用增加值方法与用总贸易余额两种方法对贸易不平衡的测算有较大的差异，如果用增加值方法来计算，则中美贸易不平衡将比传统计算方法得出的结果下降 30%~40%。Ferrantino 等（2012）也探讨了中美贸易统计数据差异的原因。他们发现为了避免交纳增长税，而在中国边际的示报关出口，可以解释 2/3 的中美贸易统计差异。Olivero 和 Yotov（2012）将传统的引力方程从静态推进到动态，通过构建新的动态引力模型，使引力方程与动态数据更为吻合，从而为引力模型建立了新的理论基础。

第四节 垂直分工、生产分割理论

这一领域的研究包括对垂直专业化贸易、中间品贸易形成原因、模式选择及效应的研究。这些研究不仅包含在传统贸易模式下对垂直分工和生产分割的分析，也包括在异质性企业贸易理论框架下分析企

业全球组织生产行为的选择，包括企业如何选择外包和一体化，选择向何处外包等。这是2012年国际贸易学术研究的另一个前沿方向和领域。

主要文献有：Bridgman（2012）通过构建三阶段的垂直专业化模型，模拟了贸易成本下降对总体贸易及垂直专业化贸易的不同影响。模拟结果表明贸易成本的下降是垂直专业化贸易、中间品贸易快速增长的原因之一。Antràs和Chor（2012）将生产视为连续的序列过程，建立了研究厂商组织形式选择的模型，厂商位于生产的不同阶段，以此研究了在生产链中的最优所有权分配关系。在每一个生产阶段，厂商选择自行制造或外包，厂商的决定取决于该阶段的生产链中的位置，特别是厂商面临的需求弹性值及生产中各类投入的互补性。由此创立了两个新的测度厂商生产链阶段的指标。Antràs和Chor（2012）、Antràs等（2012）使用这两个新指标对美国426个行业在生产链中的位置进行了测度。Conconi等（2012）将不完全合约模型嵌入传统的两国完全竞争贸易模型，来分析产品和要素市场自由化对厂商组织结构的影响。其结论指出，贸易自由化所引起的价格变动将引发国内所有权结构的变动。Fernandes和Tang（2012）在Antràs和Helpman（2004）模型基础上，分析了出口中垂直一体化与外包的选择决定。对进口原料的控制权影响厂商的一体化决策。Johnson（2012）探讨了贸易是不是在国家间传递经济冲击的渠道，将中间投入贸易纳入动态的多国多部门贸易模型，并采用双边投入产出关系数据对模型进行了校准。

第五节　其他领域

将文献不密集的六个贸易相关领域研究文献放在一起介绍，分别是贸易与要素价格、贸易与环境、贸易协定、贸易与宏观经济、贸易政策的政治经济学分析以及贸易与知识产权保护。

一、贸易与要素价格

贸易对于要素价格的影响是国际贸易文献中一个重要组成部分,从传统的贸易理论来看,贸易会促进要素价格的均等化,提高一国出口商品密集使用的要素价格而降低一国进口商品密集使用的要素价格。这一领域的研究也并非2012年国际贸易研究的主要方向,相关文献也没有较大的突破和创新。

文献主要有:Amiti 和 Cameron(2012)分析了贸易自由化对于工资技能溢出的影响,发现降低投入品的进口关税会减少企业内的工资技能溢出。Brulhart 等(2012)分析了贸易自由化对地区就业和名义工资的影响,结果显示,工资的反应早于就业,但整体上就业效应大约是工资效应的三倍。Han 等(2012)分析了全球化和贸易自由化对于工资不平等的影响,其他的文献还有如 Giri(2012)、Artuc 和 McLaren(2012)、Juhn 等(2012)、Helpman 等(2012)、Costinot 等(2012)等。

二、贸易与环境

贸易与气候变化问题是近年来国际贸易研究中新的热点领域之一。主要研究包括对污染天堂的假说的检验,以及对采用贸易政策来治理环境问题有效性的判断。

对于污染天堂假说是否成立,各方面的研究对此一直存有争议。Douglas 和 Nishioka(2012)的研究认为,尽管二氧化碳排放强度的国际差异较大,但这并不是影响贸易模式的主要因素,发展中国家并没有专门从事高污染行业的生产。Grether 和 Mathys(2012)、Broner 等(2012)等研究则支持污染天堂假说。Grether 和 Mathys(2012)重新评估了污染贸易条件,定义了发达国家对净进口高污染排放强度的商品(PTT 小于1)。Broner 等(2012)将环境规制因素纳入传统的比较优势理论,他们的理论和实证研究指出,宽松的环境规制是影响行业比较优势的重要因素,这一观点也支持了"污染天堂假说"。

对碳关税的研究方面,Branstetter 和 Pizer(2012)分析了国际社会对气候变化问题的合作与博弈的过程,研究了碳关税的经济效应。Chao 等(2012)分析了小型开放国家的环境政策选择对福利的影响,按以消费为基础的污染排放计算,最优的治理政策是自由贸易下采用庇古税(Pigouivain tax),而不是碳关税等贸易相关政策。

三、贸易协定

近年来多边贸易谈判的停滞不前,区域贸易协定发展迅猛,对区域经济一体化形成机制及效应的研究依旧是研究者关注的重点领域。特别是随着贸易理论的不断推进,对贸易自由化效应研究的新的理论方法被用于对区域贸易协定的研究中。

主要文献有:Levchenko 和 Zhang(2012)采用多部门李嘉图模型分析了欧洲贸易一体化对成员国福利的影响。西欧国家取得的福利收益的差异源于贸易成本,而东欧国家的福利收益则受比较优势的影响,东欧国家中,与西欧国家技术水平相近的国家在欧洲一体化中获益较少,而与西欧国家技术水平相差较大的国家,可以通过在欧洲一体化进行中更好地发挥比较优势,取得较大收益。Caliendo 和 Parro(2012)构建了具有部门关联和部门生产率差异特点的李嘉图模型来研究特点部门的关税下降在各部门间的传递效应。同时提出了与模型相一致的部门弹性估计方法。在此基础上,研究了 NAFTA 关税下降的影响,结果表明当生产结构中考虑到中间产品生产及投入产出关系时,NAFTA 的关税下降效应对贸易和福利有显著的影响。Krishna(2012)研究了近年来全球贸易体系的发展趋势,认为虽然特惠贸易协定发展迅猛,但从其具体效应看,仍无法取代 WTO 多边贸易体系的作用。其他的还有如 Baldwin 和 Jaimovich(2012)、Conconi 和 Perroni(2012)、Deltasl 等(2012)、Hadjiyiannis 等(2012)等的相关文献。

四、贸易与宏观经济

该领域主要包括贸易与增长、贸易与经济周期等,是国际贸易的重要组成部分,但并不是 2012 年相关贸易文献的主导研究领域,在理论上也没有较大进展。这一领域的主题较多，没有一致的结论。主要文献包括：Jarreau 和 Poncet（2012）分析了出口附加值和经济增长的关系，发现生产高附加值产品的地区，经济增长速度更快。Johnson（2012）研究了中间投入品贸易与经济周期协动性之间的关系。Alessandria 等（2012）和 Blonigen 等（2012）也分析了贸易与经济周期的关系。

五、贸易政策的政治经济学

该类文献并非 2012 年对外贸易研究文献的主流，仅仅是一个很小的分支，并且在理论上没有很大的进展。主要文献有：Gawande 等（2012）从理论和实证两方面分析了上下游企业游说竞争的结果，指出各利益集团的游说竞争是影响贸易政策决定的重要因素。Bombardini 和 Trebbi（2012）分析了游说和政治组织模式的决定因素，发现高度竞争的行业倾向于集体游说，而高度集中的行业倾向于单独游说。Bagwell 和 Staige（2012）的实证研究指出各国政府在逐渐增加对本国出口补贴政策的使用。

六、贸易与知识产权保护

该领域同样是国际贸易研究的方向之一，但不是主要方面和主流，这一领域的文献在 2012 年同样没有较大进展。贸易与知识产权保护的文献通常都与技术溢出、南北贸易相关，同时平行进口也是这一领域的主题之一。主要文献包括：Borota（2012）分析了北方创新和南方模仿的经济现象，指出需要一定程度的知识产权保护。Roy 和 Saggi（2012）分析了平行进口政策与国际市场结构的关系。

第六节　现实热点贸易问题

国际金融危机对全球贸易的影响是学者关注的热点问题。同时，随着近年来中国在全球贸易中重要性加强，中国贸易问题已经从国别问题上升为国际贸易领域的主流问题。

在关于国际金融危机研究方面，Bricongne 等（2012）采用体现信贷约束的法国企业数据，研究了 2008~2009 年国际金融危机对贸易的影响，贸易量的下降主要源于未预计的需求冲击和产品的特点。Chor 和 Manova（2012）采用美国月度进口数据的实证表明，信贷约束是国际金融危机影响贸易的重要渠道之一。

对中国贸易问题的研究通常考虑中国加工贸易占比重较大的特点。Koopman 等（2012）提出了包括加工贸易的一国出口中本国和外国增加值的计算方法，并采用这个框架对中国出口进行了分解测算，1997~2002 年中国制造业出口中外国增加值的比重接近 50%，而从 2002~2007 年，中国制造业出口中本国增加值比重由 51% 提高至 60%。Feenstra 等（2012）研究了制度质量对贸易的影响。他们采用省际的质量差异数据对中国不同贸易模式进行了研究，结果表明，因为加工贸易及外资企业出口受契约影响大于一般贸易及内资企业出口，所以制度质量对加工贸易及外资企业出口的影响更明显。对中国贸易问题的研究还包括 Roberts 等（2012）、Hanson（2012）等。

第七节 小结

以上从十个方面归纳和总结了 2012 年国际贸易研究国外学术文献的详细情况，分别是：异质性企业贸易领域、传统贸易理论的扩展及应用、垂直分工和生产分割、贸易与要素价格、贸易与环境、贸易协定、现实热点问题、贸易与宏观经济、贸易政策的政治经济学以及贸易与知识产权保护。在这十个细分领域中，异质性企业贸易是学术的最前沿，代表了国际贸易研究的发展方向，积聚了大量的研究文献。与此同时，垂直分工和生产分割、传统贸易理论的扩展和应用、贸易与要素价格、贸易协定等也是 2012 年国际贸易研究的重点和热点，存在着较多的研究文献。

异质性企业贸易领域的研究可分为三个细分领域：①对异质性企业贸易决策的分析与解释；②在异质性企业模型框架下分析贸易自由化的经济效应；③在异质性企业模型框架下分析贸易政策变动对企业贸易行为和其他行为决策的影响。比较而言，第①领域集中了大多数的文献，也是更重要的内容和领域。2012年的研究文献除了关注企业出口行为决策、出口目的地选择和出口产品种类的选择外，更多地分析企业的产品质量和价格决定。

传统国际贸易理论的扩张和应用领域的文献包括三个方面：第一，在李嘉图比较优势理论模型基础上的扩展及新的检验；第二，在H-O要素禀赋理论基础上的扩展及新的检验；第三，对贸易测量方法的扩展及应用。

垂直分工和生产分割领域的研究包括对垂直专业化贸易、中间品贸易形成原因、模式选择及效应的分析。该领域的研究不仅包含在传统贸易模式下对垂直分工和生产分割的分析，也包括在异质性企业贸易理论框架下分析企业全球组织生产行为的选择，包括企业如何选择外包和一体化、选择向何处外包等。这是2012年国际贸易学术研究的另一个前沿方向和领域。

贸易与要素价格领域的研究是国际贸易文献的一个重要组成部分，该领域文献并非2012年国际贸易研究的主要方向，相关研究没有较大的突破和创新。贸易与环境研究文献主要包括对污染天堂的假说的检验，以及对采用贸易政策来治理环境问题有效性的判断。对贸易协定、现实热点问题、贸易与宏观经济、贸易政策政治经济学以及贸易与知识产权等的研究不是2012年国际贸易研究的前沿和重点，也没有在现有文献基础上取得突破性进展。

整体上，2012年国际贸易学术研究的前沿和引导方向集中在异质性企业贸易领域，以及异质性企业框架下的生产分割和垂直一体化。应重点关注这两个领域在理论上的进展，把握贸易理论发展的方向。

第八章

中国企业的"出口—生产率悖论"文献综述

第一节 引言

从微观企业异质性视角分析企业的贸易行为选择是国际贸易理论发展的最新学术前沿,而生产率的差异是企业异质性的核心。一系列实证和理论研究发现,正是由于生产率的差异决定了企业贸易行为的选择;高生产率的企业选择进入出口市场,而低生产率的企业只在国内销售,从而出口企业的生产率显著高于内销企业。异质性企业贸易理论以精美的理论模型(Melitz,2003;Bernard et al.,2003)推导和演绎了"出口—生产率"关系的内在机制,并且得到了现有可获得的几乎所有类型国家企业数据的支撑。

然而,一系列中国全样本规模以上工业企业数据的实证研究却发现了不一样的结果,即出口企业的生产率显著低于内销企业,与最新的异质性企业贸易理论核心结论正好相反。对于这一现象目前学术界并没有定论的统一称谓,有的称为"生产率悖论"(如李春顶,2010;汤二子、刘海洋,2011a,2011b;徐蕾、尹翔硕,2012;范剑勇、冯猛,2013;安虎森等,2013;盛丹,2013),有的称为"生产率之谜"(如于春海、张胜满,2013;戴觅、余淼杰、Madhura & Maitra,2014)。整体上,称为"生产率悖论"的文献更多,同时由于中国企业的检验结果与理论的论断恰好相悖,悖论似乎更能体现这种不同,又由于直接涉及企业的"出口—生产率"关系,故而本章中定义这一现象为"出口—生产率悖论"①。纵观现有的文献,中国企业的"出口—生产率悖论"现象是指出口企业的生产率显著低于内销企业②(或者称为只供应国内市场企业③)。与此相关的一些定义还包括有:汤二子和刘海洋(2011b)将企业出口与生产率的负相关关系称为"生产率陷阱",戴翔(2013)将生产率并非中国企业对外直接投资决定因素的结果称为"'走出去'的生产率悖论"。

出口企业的生产率之所以会高于内销企业,原因是存在"自我选择"效应和"出口学习"效应。由于进入出口市场需要支付比进入国内市场更高的固定进入成本和贸易成本,仅有高生产率企业会自选择进入出口市场(Melitz,2003),称为"自我选择"效应。出口企业进入国外市场能够学习别国的生产技术和经验,获得学习提高的机会,称为"出口学习"效应。两种效应都决定了出口企业将具有更高的生产率。

中国企业的"出口—生产率悖论"研究文献发现,全样本规模以上④工业出口企业⑤的生产率水平显著低于内销企业,这一现象在加工贸易企业、外资企业和出口密度(企业出口额占销售额的比重)高的企业中更加明显,在近年(2005年之后)的企业样本中更加突出,在沿海地区企业样本中更加显著。

"出口—生产率悖论"的发现具有重要的理论和现实价值。理论上,异质性企业贸易理论是最新的学术前沿,几乎所有国家企业数据的实证分析结果都支撑理论的推断,中国企业层面的数据却提供了截然相反的结果,对理论提出了挑战。同时,生产率异质性和"出口—生产率"关系是异质性企业贸易理论的核心假设和内容,中国的"出口—生产率悖论"违反了理论的核心结论,这一特例不容小觑。现实中,中国是全球

---

① 当然,这一称呼可以进一步商榷,这里仅仅是给出本章的一个定义和称谓。

② 有的文献将企业出口与生产率显著负相关的现象也包含在"出口—生产率悖论"中,但多数文献并没有包含这一方面,同时另有文献重新定义了这一负相关现象,故而我们只取"出口企业生产率显著低于内销企业"为悖论的内涵。

③ 有的称为非出口企业,但由于非出口企业包含了对外直接投资的企业,故而我们认为不够准确。但在下文的具体文献梳理中,我们本着尊重文献原有称谓的原则,依然会在有的情况下称为非出口企业,而没有全书统一。

④ 规模以上是指年主营业务收入在500万元以上的企业。

⑤ 这一数据来源于国家统计局的中国工业企业数据,目前发现"出口—生产率悖论"的研究基本都是基于这一企业数据库的实证研究。

第一大贸易国、最大的发展中经济体,中国企业出口贸易的行为选择值得重视。另外,中国的经济增长和贸易发展模式具有自身特点,"出口—生产率悖论"揭示的企业二元出口模式具有独特的中国特色。

现有文献对于中国企业"出口—生产率悖论"的研究处于初步阶段,但已经积累了一定规模的国内外文献,也已经形成一些共识性的结果,并且受到了广泛关注。国外文献方面,Lu 等(2010)的论文发表在国际经济学领域的顶级期刊《国际经济学杂志》,Lu(2012)的论文正在顶级经济学杂志《美国经济评论》第四轮审稿中[①]。国内文献方面,《世界经济》《经济研究》《管理世界》和《经济学季刊》等顶级期刊中不乏这一问题的论文,同时已有中国国家自然科学基金和社会科学基金多个项目资助这一主题的研究。这些事实充分说明"出口—生产率悖论"问题在国际贸易领域以及整个经济学领域研究中的重要性。

鉴于"出口—生产率悖论"在理论和现实中的重要价值,本章作此文献综述以全面总结现有相关研究文献,梳理发展脉络、研究方法、主要内容和结论,分析并探索未来的研究方向。以下从"出口—生产率悖论"在现有文献中的位置、企业"出口—生产率"关系、悖论的事实证据、悖论的原因解释、理论与现实思考和未来研究方向五个方面评述现有文献。

第二节 "出口—生产率悖论"在现有贸易文献中的位置

国际贸易的理论和实证研究随着国际分工的发展不断推进,呈现了几个不同的发展阶段。第一阶段是解释不同国家不同商品之间的贸易,呈现的是产业内的国际分工,比较优势和要素禀赋是贸易的主要原因。这一阶段的贸易理论建立在同质企业、同质产品、完全竞争的市场、没

---

① 这一信息来自领域内相关研究学者,没有和论文作者核实,具体所处审稿阶段和进展不详。

有规模经济的假设之下。李嘉图的古典贸易理论和赫克歇尔—俄林的新古典贸易理论都属于这一类别，统称为传统贸易理论。第二阶段是解释不同国家相同产业内部的贸易，呈现的是产业内的国际分工，差异化产品和规模经济是贸易的主要原因。这一阶段的贸易理论建立在同质企业、产品差异化、市场不完全竞争和规模经济的假设下。这一类贸易理论和实证研究被称为新贸易理论。第三阶段是解释不同国家企业的贸易行为选择，完全从微观企业的视角分析企业的贸易行为。这一阶段的贸易理论建立在企业异质性、产品差异、不完全竞争市场、规模经济的假设下，企业异质性是其中的核心假定，该类贸易理论和实证研究被称为新—新贸易理论。表8-1归纳总结了国际贸易理论的发展进程。

表 8-1 国际贸易理论的发展历程

类别/内容	传统贸易理论（古典和新古典贸易理论）	新贸易理论	新—新贸易理论
时间	19~20 世纪 70 年代	20 世纪 80 年代~21 世纪初	21 世纪初开始
基本假设	同质企业、同质产品、完全竞争市场、无规模经济	同质企业、产品差异化、不完全竞争市场、规模经济	企业异质性、产品差异、不完全竞争市场、规模经济
主要结论	贸易是按照比较优势和资源禀赋差异进行的；解释了产业间贸易的情况	市场结构差异和规模经济存在以及产品差异化扩大了贸易；解释了产业内贸易的情况	企业的异质性导致企业的不同贸易决策选择；主要解释公司内贸易和产业间贸易，也解释了产品间贸易
理论研究文献	Ricardo（1810s）；Heckscher, Ohlin（1920s）；Samuelson, Rybczynski, Venek（1950-60s）；Jones, Bhagwati, Deardorff（1960s-70s）	Either, Lancaster, Krugman, Helpman, Brander, Markusen（1980s）；Brander, Spencer, Dixit, Grossman（1980s）；Grossman, Helpman（1990s）	Melitz, Antras, Helpman, Eaton, Bernard, Baldwin, Jensen, Yeaple（2000s）
经验研究文献	Leontief（1950s）；Leamer（1970s）；Trefler, Davis, Weinstein（1990s）	Grubel, Lloyd（1970s）；Dixit（1980s）；Levinshon（1990s）；Feenstra, Hanson（1980s-90s）	Bernard, Jensen, Aw, Wagner, Greenaway, Loecker, Baldwin Clerides（1990s-2000s）

资料来源：笔者归纳整理。

新—新贸易理论是近十多年来国际贸易的最新学术前沿，在理论上

第八章 中国企业的"出口—生产率悖论"文献综述

具有开创性价值,涌现了一批广受关注的研究成果,顶级的经济学期刊中这一领域的文献层出不穷,成为经济学研究中的理论热点之一。新一新贸易理论的概念最早由 Baldwin 于 2004 年提出（Baldwin & Nicoud, 2004；Baldwin & Forslid, 2004）,最早的代表性文献主要有 Melitz（2003）、Antras（2003）以及 Bernard 等（2003）。目前,新—新贸易理论的提法、分类以及涵盖的内容还没有统一的定论,尚处于发展之中。从较为认可的分类看,新—新贸易理论包括两个不同方向上的研究。一类是以 Melitz（2003）为代表,主要探索异质性企业的贸易、投资等国际化路径行为选择,又被称为异质性企业贸易（Heterogeneous-Firms Trade, HFT）理论（Baldwin & Okubo, 2005, 2006）。另一类是以 Antras（2003）为代表,主要探索异质性企业的外包、一体化等全球生产组织行为选择,又被称为企业内生边界理论（Endogenous Boundary Theory of the Firm）。图 8-1 列示了新—新贸易理论的框架体系。

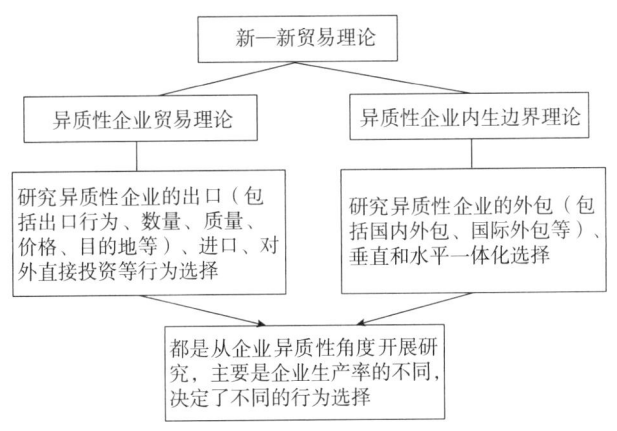

图 8-1 新—新贸易理论框架体系

资料来源：笔者整理。

新—新贸易理论的研究中,异质性企业贸易理论是其中的主要方向和内容,也是发展更快的方向。异质性企业贸易理论主要从企业异质性出发,分析研究企业的贸易行为选择和贸易行为带来的影响效应等。主要文献大体上可以归纳为四个方面：一是异质性企业的贸易行为选择,包括出口行为选择、进口行为选择、对外直接投资行为选择、出口产品数量选择（扩展边际和集约边际）、出口产品价格和质量选择、出口市场选择、出口产品种类选择（多产品模型），以及其他新的企业贸易选择现象［如任务贸易（Task Trade）、临时贸易（Temporary Trade）、相继出口（Sequential Trade）］等。这是异质性企业贸易文献的主体，沿着贸易行为选择不断向纵深发展。二是贸易和贸易开放对异质性企业的影响，包括对企业效率和规模影响、对企业劳动要素价格影响、对企业资源配置的影响等。三是在异质性企业框架下分析其他政策措施及其影响，例如分析汇率变动对于企业贸易行为的影响、融资约束对于企业贸易的影响、反倾销对于企业的影响等。四是生产率之外的企业异质性多元化及贸易行为选择。图8-2归纳总结了异质性企业贸易文献的主要研究方向。

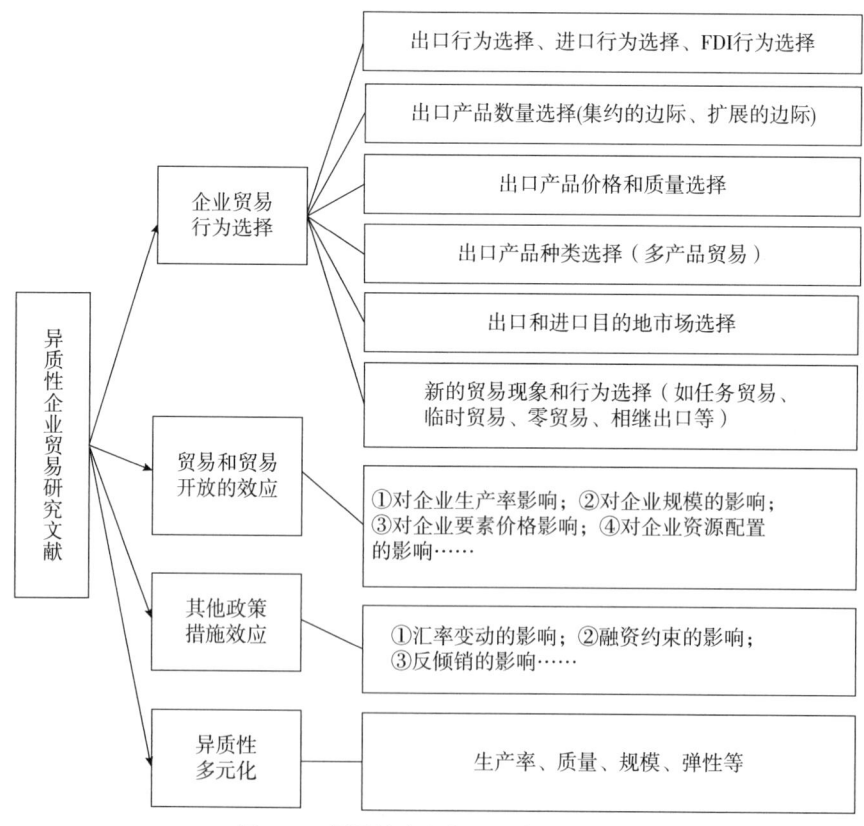

图8-2　异质性企业贸易研究文献分类

资料来源：笔者整理。

异质性企业贸易理论中,企业的各种贸易行为选择是其中的主要方向和内容。异质性企业的贸易行为选择中,出口贸易最基本且最重要。异质性企业的出口贸易行为选择是新—新贸易理论以及异质性企业贸易理论的最初和主要研究主题。异质性企业出口贸易选择的主要决定因素是生产率水平,生产率高的企业会进入出口市场,而生产率低的企业只供应国内市场,即出口企业的生产率水平显著高于内销企业。故而,在异质性企业贸易理论中,企业的异质性主要表现在生产率的差异,生产率水平决定了企业的出口选择。企业的"出口—生产率"关系是异质性企业贸易理论和实证的重要主题,而中国企业的"出口—生产率悖论"是这一研究内容中,使用中国企业数据发现的与现有理论和实证结果正好相反的现象。

综上所述,"出口—生产率悖论"的研究是最新前沿的新—新贸易理论中异质性企业贸易理论研究主题之一,属于其中的异质性企业出口贸易行为选择研究。图8-3列示"出口—生产率悖论"在现有文献中的位置。

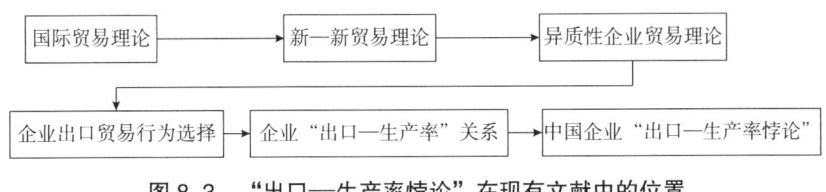

图8-3 "出口—生产率悖论"在现有文献中的位置

资料来源:笔者整理。

第三节 企业"出口—生产率"关系的研究文献

企业"出口—生产率"关系是异质性企业贸易研究文献中的重要组成部分,涉及理论和实证两个方面,同时涵盖了国外和国内的研究。理论研究主要包含在国外文献中,实证研究同样是国外研究为主。国内实证研究主要是使用中国企业检验现有的理论,发现了两种截然不同的结果。一类检验发现中国企业"出口—生产率"关系符合异质性企业贸易理论，即生产率高的企业出口而低的企业只供应国内市场；另一类检验却发现中国企业存在"出口—生产率悖论"，即中国出口企业的生产率反而低于内销企业。因此，梳理企业"出口—生产率"关系文献是准确认识中国企业"出口—生产率悖论"的基础和前提。以下从理论和实证两个方面评析现有文献。

一、理论研究

企业"出口—生产率"行为选择的理论研究是异质性企业贸易理论文献的最重要组成部分。最早的核心代表性文献是 Melitz（2003），以及具有一定代表性的 Benard 等（2003），随后出现了一系列的深化和扩展研究。异质性企业出口贸易行为选择理论文献的结论基础来源于实证发现，基本一致的结论是：生产率高的企业选择出口，生产率低的企业只供应国内市场，出口贸易会引起生产率低的企业退出市场，生产率高的企业获得更多利润并通过"出口学习"效应提高生产率。

1. 文献梳理

Melitz（2003）引入了一个垄断竞争的动态产业一般均衡框架，并将企业生产率差异纳入模型，理论分析证实只有生产率高的企业才会进入出口市场，生产率低的企业只供应国内市场，而贸易会迫使低生产率的企业退出市场，进一步的分析还表明，贸易自由化有利于高生产率企业的发展。该文献所建立的理论模型是异质性企业贸易理论的基础，随后的很多研究都是在此理论框架的基础上发展的。Bernard 等（2003）通过扩展李嘉图模型，构建了一个包含多个国家、允许地理壁垒（Geographic Barriers）及不完全竞争，存在企业异质性的贸易模型。理论分析结果发现，企业的生产率和规模影响企业的出口，出口企业拥有较高的生产率和较大的规模，且贸易壁垒的降低会促进企业出口。Baldwin（2005）以 Melitz（2003）的模型框架为基础，分析了企业选择成为内销企业（Domestic Firms，D-Types）、出口企业（Export Firms，

X-types)和不生产企业(Non-producers,N-types)的生产率差异,证实了高生产率企业选择出口的结论;同时,论文还分析了市场开放度、贸易数量和价格对于企业生产率的影响,揭示了贸易自由化具有再分配效应,对于高生产率企业有利。Ghironi 和 Melitz(2005)在 Melitz(2003)的基本模型框架下建立了一个随机宏观动态一般均衡贸易模型,假定企业的生产率异质性以及垄断竞争的市场结构,模型证明了只有相对高生产率的企业出口,并分析了外生的生产率冲击以及贸易成本变化对企业出口和退出市场决策的影响。Yeaple(2005)建立了一个微观企业的一般均衡框架,假定企业会选择异质的技术,模型分析结论得到,出口企业一般规模更大,会选择高级的技术,支付高的工资,且生产率会更高。

异质性企业出口贸易行为选择的理论文献通常假定异质性生产率是外生给定的,在此基础上,一些扩展研究文献引入企业技术选择机制,将企业生产率的决定内生化,并进一步分析生产率异质性对于企业出口的影响。Bustos(2005)建立一个异质性企业垄断贸易模型,认为采纳技术的成本不同决定了企业的差异化技术选择,贸易自由化通过扩大市场规模、消除技术转移的限制促使企业采纳新技术,决定了最有效率的企业才能进入出口市场,出口的高利润抵偿了采纳新技术的固定成本。Hansen 和 Nielsen(2007)建立了一个企业寡头贸易模型,寡头企业可以选择两种不同的技术:一种是高固定成本低边际成本,另一种是低固定成本高边际成本。分析结果证明,出口导向的企业会选择低边际成本的技术,即生产率更高的技术,同时贸易成本的降低会激励更多的出口。异质性企业出口贸易行为选择理论文献另一个方向上的扩展是,分析生产率之外其他异质性因素对于企业出口贸易行为的影响。Egger 和 Kreickemeier(2012)的理论与实证研究发现,企业劳动者的管理才能会影响企业的生产率水平,进而影响出口行为,所以管理人员比例大的企业更倾向于出口。Holmes 和 Stevens(2012)的研究发现,规模大的企业会更多出口,因为它们能够开展更远距离的贸易。Oldenski(2012)分析了信息传导成本对于异质性企业出口贸易和对外直接投资选择的影响,发现信息传导成本低的企业更容易出口和对外直接投资。

2. 建模方法与框架

异质性企业"出口—生产率"关系的理论研究文献基本都是建立在 Melitz（2003）的模型框架下，被称为异质性企业贸易模型（HFT Model）。HFT 模型以新贸易理论模型为基础，加入边际成本差异的企业异质性变量，以及固定的国内和国外市场进入成本，存在贸易成本。异质性企业贸易的模型框架又被称为"异质性边际成本和固定市场进入成本模型"（Heterogeneous Marginal Costs and Fixed Market-Entry Costs Model，HMCFMEC 模型）。异质性企业贸易模型中，具有开创和代表性的文献是 Melitz（2003），模型假定一个两国经济，每个国家有一个生产部门，生产要素为劳动 L，市场是 Dixit-Stiglitz 垄断竞争模式。企业生产需要固定成本和可变成本，企业存在生产率的异质性，以生产的可变边际成本表示，生产率越高的企业生产的边际成本越低，而生产率越低的企业生产的边际成本越高。企业进入市场需要支付固定沉没成本 $fe > 0$，企业进入国内和国外出口市场都需要支付固定成本，且进入出口市场的固定成本大于进入国内市场。假设贸易存在冰山贸易成本 $t > 1$，企业进入出口市场不仅面临贸易成本，同时面临固定的出口市场进入成本。

企业进入市场的利润与生产率水平（边际成本）具有正相关关系，构成了自由进入（Free Entry）的利润关系线，同时企业存在生产率水平决定的零边界利润条件（Zero Cutoff Profit Condition），在零边界利润线上的企业利润为零。自由进入利润线和零边界利润条件的交叉点决定了企业进入市场的边界生产率水平 ϕ^*。如图 8-4 所示，横轴为企业生产率水平，纵轴为利润水平。可见，生产率低于临界生产率水平 ϕ^* 的企业将退出市场，而高于 ϕ^* 的企业将进入市场。进一步考虑进入出口市场的企业，需要承担贸易成本和国外市场固定进入成本，额外承担成本要求出口企业具有更高的生产率水平。因而，出口企业的生产率水平将高于内销企业。

第八章 中国企业的"出口—生产率悖论"文献综述

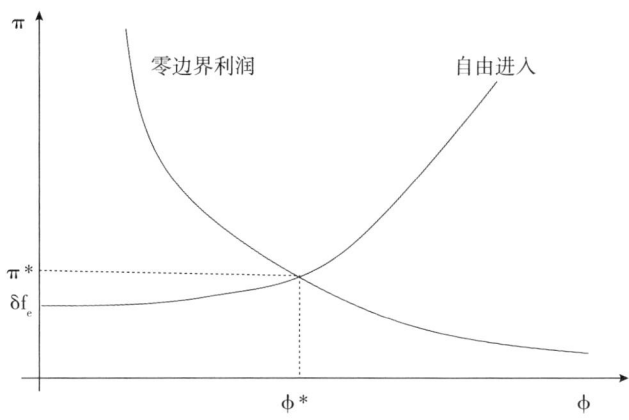

图 8-4 均衡边界生产率水平的决定

资料来源：Melitz（2003）。

进一步，贸易将对企业的利润和要素分配产生影响。贸易的存在和发展将增加企业的利润，促进资源更多地配置于高生产率的出口企业，而低生产率企业将退出市场。贸易自由化降低了贸易成本，促使更多的企业进入出口市场，高生产率企业的规模和利润增加，低生产率企业将退出市场。图 8-5 直观地给出了贸易对于企业利润的影响，横轴为企业生产率水平，纵轴为利润水平。显然，封闭条件（Autarky）下的企业生产率—利润曲线斜率低于贸易（Trade）情形。

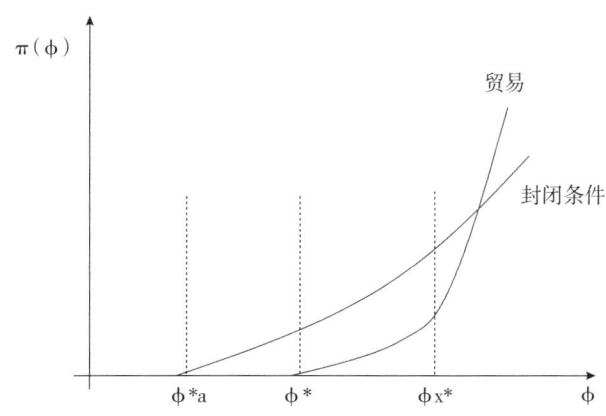

图 8-5 贸易对企业的影响效应

资料来源：Melitz（2003）。

Melitz（2003）的模型框架成为异质性企业贸易理论的核心框架体系，后续的理论研究模型多数建立在这一框架的基础上，是名副其实的代表性理论框架。

二、实证研究

"出口—生产率"关系的实证研究主要关注企业生产率与出口选择之间的关系。一方面分析出口企业和内销企业之间的生产率差异，是否出口企业生产率显著高于内销企业，侧重检验出口企业是否存在"自我选择"效应，也就是只有生产率高的企业才选择出口。另一方面分析出口贸易是否提高了企业的生产率，侧重检验是否存在"出口学习"效应，也就是企业通过出口贸易提高了自身的生产率。无论是"自我选择"效应还是"出口学习"效应，一个显性的共同结果是：出口企业生产率高于内销企业。"出口—生产率悖论"通过中国企业的实证分析发现，中国出口企业的生产率反而显著低于内销企业，这与理论的结果正好相反，构成了一个"悖论"。在某种程度上，"出口—生产率悖论"更多涉及企业出口的"自我选择"效应检验。

1. 文献梳理

"出口—生产率"关系的国内外文献丰富，使用不同国家的企业数据进行了一系列的实证研究，包括发达国家企业数据、新兴工业化国家和地区企业数据、南美新兴市场国家企业数据、东欧转轨国家企业数据、非洲欠发达国家企业数据，以及中国等发展中大国的企业数据。整体上，实证研究的结论支持出口企业生产率高于内销企业的结果，出口企业生产率的"自我选择"效应显著，但发达国家的"出口学习"效应不及发展中国家明显。

首先，国外研究文献。我们根据企业样本数据的来源国家不同分别分析，从发达国家、新兴工业化国家和地区、南美新兴市场国家、东欧转轨国家和非洲欠发达国家五个国家类型进行梳理。国外文献中有一些针对中国企业的实证研究，我们单独列出来进行梳理。

发达国家数据实证研究的文献占据主体地位，结论基本都支持出

第八章 中国企业的"出口—生产率悖论"文献综述

口企业具有更高生产率的结果,仅有瑞士的检验有所例外。Benard 和 Jensen(1995)使用美国 1976~1987 年的微观企业数据实证分析了企业出口、就业和工资的关系,发现出口企业比非出口企业更有竞争力、生产率更高、盈利能力更强、有更多的就业。Bernard 和 Wagner(1997)使用 1978~1992 年 7624 家德国企业数据进行了实证研究,发现出口企业的生产率更高,但出口对于企业生产率的作用不明显。Bernard 和 Jensen(1999)使用美国 1984~1992 年的企业数据实证研究的结果发现,出口企业具有更高的生产率、就业人数、产出、工资和资本密集度,但出口对于企业生产率的影响不显著。Wagner(2002)使用德国企业数据发现,出口企业生产率、就业和工资显著高于非出口企业。Castellani(2002)使用意大利企业数据实证检验发现,当以出口总量占总销售额的比重表示出口时,出口对企业生产率有显著的正向推动作用;当以是否出口的哑变量表示出口时,出口对企业生产率的作用不明显。这一结论一定程度上支持了发达国家企业"出口学习"效应不显著的命题。Delgado 等(2002)使用 1991~1996 年西班牙企业数据实证研究发现,出口企业生产率显著高于非出口企业,并且"自我选择"效应大于"出口学习"效应。Baldwin 和 Gu(2003)使用 1973~1997 年的加拿大企业数据进行实证研究发现出口企业生产率高于非出口企业,本国企业"出口学习"效应大于外资企业,新进入市场企业的"出口学习"效应大于老企业。Girma 等(2004)使用 1988~1999 年 8992 家英国企业的实证研究揭示,出口企业生产率高于非出口企业,出口企业存在"自我选择"效应,同时"出口学习"效应显著。Greenaway 和 Kneller(2004)使用英国企业数据的实证研究发现,企业出口中沉没成本是重要的,"自我选择"效应存在,更有效率的企业进入出口市场,同时产业集聚和空间集聚有利于出口。Benard 和 Jensen(2004)使用美国企业数据实证研究发现,出口企业具有更高的生产率,但出口并不显著提高企业生产率,同一产业内出口存在资源再配置效应,资源流向更高效率的企业。Arnold 和 Hussinger(2005)使用德国 1992~2000 年 2149 家企业数据发现,更高效率的企业自我选择进入出口市场,但出口并不显著提高企业的生产率。Kimura 和 Kiyota(2006)使用

1994~2000 年 22000 家日本企业数据实证研究发现，出口企业生产率高于非出口企业，存在显著的"出口学习"效应。Cassiman 等（2010）使用 1990~1998 年的西班牙企业数据实证研究了出口和生产率关系，发现企业生产率和出口的正向关系是由出口企业的产品创新引起的。瑞士企业的研究结果与其他发达国家有所不同，Greenaway 等（2005）使用瑞士 1980~1997 年 3570 家企业的实证研究发现，出口企业和非出口企业生产率相差无几，没有显著差异，企业是否进入出口市场对其生产率也没有影响。故而，瑞士出口企业既不存在"自我选择"效应，也不存在"出口学习"效应，瑞士的不同结果在分析中认为是由于经济高度的开放引起的。

南美新兴市场国家企业数据实证研究结果一致支持出口企业的生产率高于非出口企业的结论。Clerides 等（1998）使用哥伦比亚、墨西哥、摩洛哥的微观企业数据进行实证研究，发现出口企业生产率更高，但"出口学习"效应不显著，存在显著的"自我选择"效应。Kasahara 和 Lapham（2013）使用 1990~1996 年智利微观企业数据的实证研究发现，出口企业拥有更高的生产率。

东欧转轨国家企业数据实证研究结果基本支持出口企业具有更高生产率的结论，但斯洛文尼亚的检验并不总是支持这一结论。Damijan 等（2004）使用斯洛文尼亚企业数据的实证研究结果发现，固定进入成本影响企业的出口，出口企业生产率并不总是高于非出口企业，只有向发达国家出口的企业生产率高于非出口企业，而向欠发达国家出口的企业生产率并不高于非出口企业，同时"出口学习"效应很明显。Loecker（2007）使用斯洛文尼亚企业数据实证研究结果发现，出口企业生产率高于非出口企业，存在显著的"出口学习"效应，企业向高收入国家出口的收益更大。

非洲欠发达国家企业数据实证研究结果也一致支持出口企业生产率高于非出口企业的结论。Mengistae 和 Pattillo（2004）使用埃塞俄比亚、加纳和肯尼亚三国的企业数据实证研究发现，出口企业生产率平均高于非出口企业 17%，而出口企业生产率增加率高于非出口企业 10%。Biesebroeck（2005）使用撒哈拉非洲九个国家的企业数据实证研究结果发现，出口企业生产率显著高于非出口企业，存在"自我选择"效应；而出口能够提高企业的生产率，存在"出口学习"效应，生产率提高的效应是通过规模经济实现的。Bigsten 和 Gebreeyesus（2009）使用埃塞俄比亚 1996~2004 年 7870 家企业数据的实证研究发现，出口企业具有更高的生产率、更高的工资和更多的就业。表 8-2 总结了国外代表文献的实证研究情况。

表 8-2　企业"出口—生产率"关系国外实证研究文献梳理

国家类型	文献	国家	是否符合理论	数据样本	实证结果
发达国家	Benard 和 Jensen（1995）	美国	是	1976~1987 年企业数据	存在"自我选择"效应
	Benard 和 Wagner（1997）	德国	是	1978~1992 年 7624 家企业数据	存在"自我选择"效应，但"出口学习"效应不明显
	Benard 和 Jensen（1999）	美国	是	1984~1992 年企业数据	存在"自我选择"效应，但"出口学习"效应不明显
	Wagner（2002）	德国	是	1978~1989 年企业数据	存在"自我选择"效应
	Castellani（2002）	意大利	部分符合	1989~1991 年，1992~1994 年企业数据	当以出口总量占总销售额的比重表示出口时，存在"出口学习"效应；当以是否出口的哑变量表示出口时，"出口学习"效应不显著

续表

国家类型	文献	国家	是否符合理论	数据样本	实证结果
发达国家	Delgado 等（2002）	西班牙	是	1991~1996年企业数据	存在"自我选择"效应和"出口学习"效应，且"自我选择"效应大于"出口学习"效应
	Baldwin 和 Gu（2003）	加拿大	是	1973~1997年企业数据	存在"自我选择"效应，"出口学习"效应本国企业和新企业更强
	Girma 等（2004）	英国	是	1988~1999年8992家企业数据	存在"自我选择"效应和"出口学习"效应
	Greenaway 和 Kneller（2004）	英国	是	1989~2002年11225家企业数据	存在"自我选择"效应
	Benard 和 Jensen（2004）	美国	是	1983~1992年企业数据	存在"自我选择"效应，但"出口学习"效应不明显
	Arnold 和 Hussinger（2005）	德国	是	1992~2000年2149家企业数据	存在"自我选择"效应，但"出口学习"效应不明显
	Kimura 和 Kiyota	日本	是	1994~2000年22000家企业数据	存在"自我选择"效应和"出口学习"效应
	Cassiman 等（2010）	西班牙	是	1990~1998年企业数据	存在"出口学习"效应
	Greenaway 等（2005）	瑞士	否	1980~1997年3570家企业数据	既不存在"自我选择"效应，也不存在"出口学习"效应
南美新兴市场国家	Clerides 等（1998）	哥伦比亚、墨西哥、摩洛哥	是	哥伦比亚1981~1991年，墨西哥1986~1990年，摩洛哥1984~1991年数据	存在"自我选择"效应，但"出口学习"效应不明显

第八章 中国企业的"出口—生产率悖论"文献综述

续表

国家类型	文献	国家	是否符合理论	数据样本	实证结果
南美新兴市场国家	Kasahara 和 Lapham（2013）	智利	是	1990~1996年企业数据	存在"自我选择"效应
东欧转型国家	Damijan 等（2004）	斯洛文尼亚	是	1994~2002年企业数据	向发达国家出口存在"自我选择"效应，向欠发达国家出口不存在"自我选择"效应，有"出口学习"效应
东欧转型国家	Loecker（2007）	斯洛文尼亚	是	1994~2000年企业数据	存在"自我选择"效应和"出口学习"效应
非洲欠发达国家	Mengistae 和 Pattillo（2004）	埃塞俄比亚、加纳、肯尼亚	是	1992~1995年的调查数据	存在"自我选择"效应
非洲欠发达国家	Biesebroeck（2005）	撒哈拉非洲九国	是	1991~1996年的调查数据	存在"自我选择"效应和"出口学习"效应
非洲欠发达国家	Bigsten 和 Gebreeyesus（2009）	埃塞俄比亚	是	1996~2004年7870家企业数据	存在"自我选择"效应

资料来源：笔者整理。

其次，中国的研究文献。现有文献主要使用中国企业数据实证分析"出口—生产率"关系，探究出口企业和内销企业的生产率差异，以及出口对于企业生产率的影响。针对中国企业的实证研究主要集中在最近五年，早期的研究很少，多数是在 Melitz（2003）的异质性企业贸易理论模型确定之后的检验。针对中国企业的研究以中文文献为主，外文文献较少。实证结果中，部分研究支持出口企业生产率高于内销企业的结论，部分研究不支持这一结论并且发现内销企业的生产率反而高于出口企业。后者构成了中国企业的"出口—生产率悖论"现象，我们将在后续内容中单独梳理和详细分析这一部分文献。这里我们主要梳理针对中国企业检验且符合理论上"出口—生产率"关系的研究文献。

较早分析中国企业"出口—生产率"关系的文献是Kraay（1999），使用1988~1992年2105家中国企业调查数据实证研究发现，出口企业具有更高的生产率，但差异并不大；同时，企业的"出口学习"效应显著。唐宜红和林发勤（2009）使用2005年工业普查的企业数据实证检验了Melitz（2003）的异质性企业模型在中国的适用性，发现企业生产率越高越容易出口，外商投资企业和东部企业更容易出口。张杰等（2009）使用1999~2003年中国工业企业数据实证分析了出口对企业生产率的影响，发现中国企业既存在"自我选择"效应，也存在"出口学习"效应；样本期内，有出口行为的企业在多项指标上都强于没有出口行为的企业，且出口稳健地促进了中国本土制造业企业的全要素生产率。易靖韬（2009）使用浙江省2001~2003年企业面板数据实证分析了异质性企业的出口参与决策，发现市场进入成本显著存在，故而生产率高且规模大的企业更加容易出口。易靖韬和傅佳莎（2011）使用浙江省2001~2003年的企业面板数据实证研究发现，只有生产率较高的企业才能克服出口市场的沉没成本，通过"自我选择"进入出口市场，而生产率低的企业会退出；一旦企业进入出口市场，将从出口市场中积累出口学习经验。即同时存在"自我选择"效应和"出口学习"效应。钱学锋和王菊蓉（2011）使用1999~2007年中国工业企业数据[①]，考察了出口与企业生产率的内在关系，发现出口企业相对于非出口企业的生产率存在显著的出口溢价，具有较高生产率的企业主动选择进入出口市场，而进入出口市场将进一步促进企业生产率水平的提升，存在"自我选择"效应和"出口学习"效应。赵伟等（2011）基于中国2000~2003年的工业企业数据进行实证分析发现，劳动生产率对企业出口决策具有显著负向影响，而全

---

① 下文中中国工业企业数据都是指国家统计局发布的规模以上中国工业企业数据。

要素生产率表现出稳健的正向影响,企业规模对出口具有显著正向影响。邱斌等(2012)基于1999~2007年的工业企业数据,采用倍差匹配法实证检验了企业出口和生产率关系,发现中国制造业企业同时存在"出口学习"效应和"自我选择"效应。表8-3整理总结了现有支持出口企业具有更高生产率结论的文献。

表8-3 支持中国出口企业生产率更高结论的代表性文献梳理

文献	样本数据	实证结论
Kraay(1999)	1988~1992年2105家中国企业调查数据	出口企业具有更高的生产率,但差异并不大;存在"出口学习"效应
唐宜红、林发勤(2009)	2005年工业普查的企业数据	企业生产率越高越容易出口,外商投资企业和东部企业更容易出口
张杰等(2009)	1999~2003年中国工业企业数据	中国企业既存在"自我选择"效应,也存在"出口学习"效应
易靖韬(2009)	浙江省2001~2003年企业面板数据	市场进入成本显著存在,生产率高且规模大的企业更加容易出口
易靖韬、傅佳莎(2011)	浙江省2001~2003年企业面板数据	生产率较高的企业才能克服出口市场的沉没成本,通过"自我选择"进入出口市场,同时存在"出口学习"效应
钱学锋、王菊蓉(2011)	1999~2007年中国工业企业数据	出口企业相对于非出口企业的生产率存在显著的出口溢价,存在"自我选择"效应和"出口学习"效应
赵伟等(2011)	2000~2003年工业企业数据	劳动生产率对企业出口决策具有显著负向影响,而全要素生产率表现出稳健的正向影响
邱斌等(2012)	1999~2007年工业企业数据	中国制造业企业同时存在"自我选择"效应和"出口学习"效应,且效应随着时间推移逐渐增强

资料来源:笔者整理。

2. 实证方法

企业"出口—生产率"关系的实证研究方法主要是使用企业数据进行计量统计分析,数据可以是大样本企业截面数据,也可以是大样本企业面板数据。实证研究的主题内容主要有两个方面:一是出口企业生产率是否显著高于非出口企业,存在出口行为的"自我选择"效应;二是出口活动是否提高了企业生产率，存在"出口学习"效应。

最基本的实证方法是计算和比较出口企业（Exporter）和非出口企业（Non-Exporter）的平均劳动生产率或全要素生产率，进而检验出口企业是否具有更高的效率。第二步实证方法是计算"出口溢价"（Export Premier），即出口企业相对于非出口企业的生产率百分比差异，或者说出口企业比非出口企业生产率百分比高出程度。通常回归方程为：

$$\ln TFP_{it} = \alpha + \beta\, Export_{it} + c Control_{it} + e_{it} \tag{8-1}$$

式中，i 代表企业，t 代表时间，TFP 代表生产率水平，Export 代表出口状态的二元哑变量（出口企业为1，非出口企业为0），Control 代表一系列控制变量，通常包括有行业控制变量、地区控制变量、企业规模和年份控制变量等。回归式中系数 β 检验出口企业和非出口企业相比的生产率水平，如果显著大于0，则出口企业具有更高的生产率，反之则出口企业具有更低的生产率。第三步实证检验同时分析新进入出口企业、连续出口企业、退出出口企业与非出口企业之间的生产率差异，可以同时检验企业的"自我选择"效应和"出口学习"效应。实证回归方程通常为：

$$\ln TFP_{it} - \ln TFP_{i0} = \alpha + \beta_1 Start_{it} + \beta_2 Both_{it} + \beta_3 Stop_{it} + c Control_{i0} + e_{it} \tag{8-2}$$

式8-2中，t 和 0 是两个不同的时间，t 为当前时间，0 为过去时间。$Start_{it}$ 表示新出口企业，即过去不出口，现在出口（$Export_{i0}=0$，$Export_{it}=1$），是一个二元哑变量；$Both_{it}$ 表示持续出口企业，即过去出口，现在也出口（$Export_{i0}=1$，$Export_{it}=1$），是一个二元哑变量；$Stop_{it}$ 表示退出出口企业，即过去出口，现在不出口（$Export_{i0}=1$，$Export_{it}=0$），也是一个二元哑变量；这三个哑变量的比较参照对象是非出口企业。计量回归结果中，β_1 的系数大小和显著性揭示新出口企业与非出口企业生产率的差异，可以检验"出口学习"效应；β_2 的系数大小和显著性揭示持续出口企业与非出口企业生产率的差异，可以检验出口企业是否具有更高的生产率；β_3 的系数大小和显著性揭示退出出口市场企业与非出口企业生产率的差异，可以检验生产率是不是企业退出出口市场的因素。

以上三类实证方法是企业"出口—生产率"关系研究的主体方法。与此同时，现有文献的研究方法在此基础上又有两个方向上的扩展。第

第八章 中国企业的"出口—生产率悖论"文献综述

一个方向的扩展是,采用匹配方法比较出口企业和匹配的非出口企业的生产率差异,解决因果关系引起的内生性问题。现实中,出口企业生产率高于非出口企业可能是"自我选择"效应引起的,也可能是"出口学习"效应,企业出口行为与生产率之间的因果关系无法确定。使用匹配方法为出口企业找到匹配的控制组,控制组企业不出口且在其他方面与出口企业相似度高,通过探究出口企业和匹配控制组之间的生产率关系就可以确定企业出口和生产率之间的关系。这一类研究方法的文献主要有Wagner(2002)、Girma等(2003,2004)、Arnold和Hussinger(2005a)、Yasar和Rejesus(2005)、Kostevc(2005)等。

第二个方向的扩展是,比较出口企业和非出口企业的生产率分布,并用非参数的Kolmogorov-Smirnov检验比较两类企业的生产率分布差异,分析出口企业是否具有更高的生产率。这一研究方法的主要文献有Wagner(2006)、Arnold和Hussinger(2005b)等。这一方向上的一个相关扩展是,采用分位数回归分析不同生产率水平区间里的企业出口和生产率之间的关系。这一扩展方法的研究文献主要有Yasar等(2003)[①]。图8-6总结了现有研究方法。

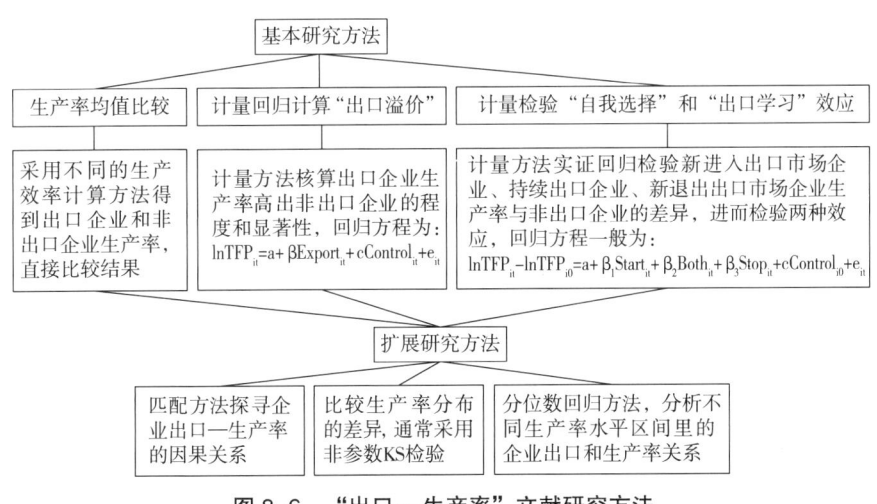

图8-6 "出口—生产率"文献研究方法

资料来源:笔者整理。

---

① 对于"出口—生产率"关系的实证研究方法的分析,可以进一步参见Wagner(2007)。

第四节 中国企业"出口—生产率悖论"的事实证据

使用中国企业数据对"出口—生产率"关系的研究中,更多的文献发现中国出口企业在大样本整体上呈现了生产率反而低于内销企业的现象,与异质性企业贸易理论的核心结论相反,也就是存在"出口—生产率悖论",也有文献称为"生产率之谜"。

较早发现和分析"出口—生产率悖论"的文献主要有李春顶和尹翔硕(2009)、李春顶(2010)、Lu(2010)、Lu 等(2010)等。李春顶和尹翔硕(2009)使用1998~2007年中国工业企业大样本数据,整体上检验了出口企业和内销企业的生产率状况,发现细分行业出口企业的生产率均值普遍低于内销企业,且企业出口与生产率之间呈现负相关关系。李春顶(2010)同样使用1998~2007年中国工业企业大样本数据,进一步细分行业、地区、企业所有制、加工贸易企业等探寻出口企业和内销企业的生产率差异,发现出口企业生产率均值整体上低于内销企业,并且企业出口和生产率关系显著为负。并且进一步研究发现加工贸易企业是"出口—生产率悖论"的原因,剔除加工贸易企业后则"悖论"消失。Lu(2010)使用1998~2007年中国工业企业数据全面分析了出口企业和非出口企业的差异,发现中国出口企业与非出口企业相比,反而生产率更低、在国内市场销售比重更少且出口强度(Export Intensity)分布呈现U型。这与经典异质性企业贸易理论结论相反,论文指出是要素禀赋导致了这一现象,本国要素充裕的产品在国内市场面临的竞争比国际市场更加激烈,故而供应国内市场的企业具有更高的生产率。Lu 等(2010)使用1998~2005年中国工业企业数据,实证分析了在中国生产的外资子公司(Foreign Affiliate)的出口行为决策,发现外资子公司中,出口企业的生产率显著低于非出口企业,即在中国生产经营的外资子公司存在"出口—生产率悖论",而中国本土企业的出口—生产率关系符合异质性企业贸易结论，论文进一步通过区分外资子公司的生产过程（研发和制造等），从理论上解释了生产率差异的原因。

在此之后，中国企业的"出口—生产率悖论"受到国内外相关研究的关注，陆续涌现了一系列后续细化或者深入的实证检验研究。国外文献方面，Dai 等（2011）使用 2000~2005 年中国工业企业和海关统计合并数据实证检验揭示了"出口—生产率悖论"的存在，并从加工贸易角度分析了悖论存在的原因。Yang 和 He（2014）使用 1998~2007 年中国工业企业大规模样本，采用 OP 半参数方法估计了全要素生产率，实证检验了"出口—生产率悖论"，并从本地市场保护和出口溢出效应角度解释了原因。

国内文献对于中国企业"出口—生产率悖论"的进一步实证检验更加丰富，采用了不同的数据、不同的计量方法、不同的生产率计算方法、不同的数据分类等进一步探究"悖论"的存在性和证据。马述忠（2010）使用 2001~2007 年 227 家上市公司样本实证检验发现，企业生产率在即将出口和不出口企业之间没有显著性差异，即将出口的企业生产率没有明显高于不出口企业，从而中国企业出口的"自我选择"效应不存在，但进一步的检验发现存在显著的"出口学习"效应。李春顶等（2010）使用 1998~2007 年中国工业企业数据进一步实证考察了"出口—生产率悖论"，通过细致的分地区、所有制类型、规模以及行业类型的检验，得到了中国出口企业生产率悖论的确凿证据。赵伟和赵金亮（2011）使用 2000~2003 年中国工业企业数据实证分析发现，中国企业的出口区别于国外成熟市场经济体，出口倾向并非完全由生产率决定，而是依据所有制类型不同表现出巨大差异，该文虽然没有明确证明和分析"悖论"，但提供了间接的证据。汤二子和刘海洋（2011a）使用 2005~2008 年中国工业企业数据进一步从总量法和均值法两个方面比较出口企业和非出口企业的生产率差异，验证了中国出口企业"生产率悖论"的存在，并发现企业出口和生产率之间存在显著负相关性。汤二子和刘海洋（2011b）使用 2008 年中国工业企业数据实证发现中国出口企业同时存在"生产率悖论"和"生产率陷阱"，即不仅出口企业生产率低于非出口企业，且出口对企业生产率提升存在负向影响。汤二子等（2011）使用 2007 年中国工业企业数据，分别采用生产率比较和统计方法检验，发现出口企业生产率均值在大部分情况下都低于非出口企业，存在"生产率悖论"。范剑勇和冯猛（2013）使用1998~2007年工业企业数据，根据出口密度不同分组检验，发现出口密度低的组别中不存在"生产率悖论"现象但存在"出口学习"效应，而出口密度高的组别中显著存在"生产率悖论"但没有"出口学习"效应。聂文星和朱丽霞（2013）使用1998~2007年工业企业数据，采用数据包络分析等多种全要素生产率计算方法实证检验"生产率悖论"，发现2005年之后中国出现向"生产率悖论"转化的趋势。盛丹（2013）使用1998~2006年中国工业企业数据，发现中国外资企业的出口存在明显的"生产率悖论"，而内资企业的出口行为则符合异质性企业贸易理论的预测。其他的相关研究文献还有很多，如汤二子和孙振（2012）、李建萍和张乃丽（2014）、孙少勤等（2014），我们不再一一列举。表8-4梳理了代表性研究文献。

表8-4 中国企业"出口—生产率悖论"的代表性文献梳理

类型	文献	样本数据	实证结论
早期文献	李春顶、尹翔硕（2009）	1998~2007年中国工业企业数据	细分行业出口企业的生产率均值普遍低于内销企业，且企业出口与生产率之间呈现负相关关系
	李春顶（2010）	1998~2007年中国工业企业数据	进一步细分行业、地区、企业所有制、加工贸易企业等发现出口企业生产率均值整体上低于内销企业，进一步研究发现加工贸易企业是"出口—生产率悖论"的原因
	Lu（2010）	1998~2007年中国工业企业数据	出口企业与非出口企业相比，反而生产率更低、在国内市场销售比重更少且出口强度分布呈现U型
	Lu等（2010）	1998~2005年中国工业企业数据	外资子公司中，出口企业的生产率反而低于非出口企业，即在中国生产经营的外资子公司存在"出口—生产率悖论"，而中国本土企业的"出口—生产率"关系符合异质性企业贸易结论

第八章 中国企业的"出口—生产率悖论"文献综述

续表

类型	文献	样本数据	实证结论
国际进一步研究文献	Dai 等（2011）	2000~2005 年中国工业企业和海关统计合并数据	揭示了"出口—生产率悖论"的存在，并从加工贸易角度分析了悖论存在的原因
	Yang 和 He（2014）	1998~2007 年中国工业企业数据	验证了"出口—生产率之谜"的存在，并从本地市场保护和出口溢出效应角度解释了原因
国内进一步研究文献	马述忠（2010）	2001~2007 年 227 家上市公司样本	企业生产率在即将出口和不出口企业之间没有显著性差异，从而不存在"自我选择"效应，但进一步的检验发现存在显著的"出口学习"效应
	李春顶等（2010）	1998~2007 年中国工业企业数据	通过细致的分地区、所有制类型、规模以及行业类型的检验，得到了中国出口企业生产率悖论的确凿证据
	赵伟、赵金亮（2011）	2000~2003 年中国工业企业数据	中国企业的出口区别于国外成熟市场经济体，出口倾向并非完全由生产率决定，而是依据所有制类型不同表现出巨大差异
	汤二子、刘海洋（2011a，2011b）等	2005~2008 年，2005 年，2006 年中国工业企业数据	从多角度和多方向提供了中国出口企业"生产率悖论"的证据
	范剑勇、冯猛（2013）	1998~2007 年中国工业企业数据	根据出口密度不同分组检验，发现出口密度低的组别中不存在"生产率悖论"现象但存在"出口学习"效应，而出口密度高的组别中显著存在"生产率悖论"但没有"出口学习"效应
	聂文星、朱丽霞（2013）	1998~2007 年中国工业企业数据	数据包络分析等多种全要素生产率计算方法实证检验"生产率悖论"，发现 2005 年之后中国出现向"生产率悖论"转化的趋势
	盛丹（2013）	1998~2006 年中国工业企业数据	外资企业的出口存在明显的"生产率悖论"，而内资企业的出口行为则符合异质性企业贸易理论的预测

资料来源：笔者整理。

中国企业"出口—生产率悖论"的检验基本都是采用国家统计局规

模以上制造业企业数据，采用不同的生产率计算方法、不同的计量回归方程、不同的研究方法、细分不同的组别和类型进行实证检验。在研究方法上，与"出口—生产率"文献研究方法相同，包括直接的总量和均值比较、"出口溢价"回归计算比较、计量方程回归分析、匹配模型分析、生产率分布比较和检验以及分位数回归等。

总结现有实证研究的结果，可以形成一些共识性的结论：中国企业的"出口—生产率悖论"在规模以上全样本中国工业企业数据中现实存在；悖论随着时间推进而更加突出，2000年之前无悖论现象，而2005年之后表现明显；悖论在沿海地区比内陆地区更加突出，在小型企业比中型和大型企业突出，在外资企业和私营企业比集体和国有企业突出；悖论在加工贸易企业、外资企业和出口密度（出口占总产出比重）高的企业中尤其明显。

第五节 "出口—生产率悖论"的原因解释

对于"出口—生产率悖论"的原因解释是现有文献中的重要组成部分。总结起来，现有解释主要有以下几个方面：加工贸易、外资企业、要素密集度、国内市场进入成本和贸易成本、出口密度、市场分割和地方保护、企业技术和制度的路径依赖、中国企业出口决定中生产率不重要等。以下我们逐一梳理。

一、加工贸易企业存在和占比高

中国出口贸易中，加工贸易占据"半壁江山"。加工贸易的特征是"两头在外"，企业处于加工制造环节，加工的产品主要用于出口。加工贸易企业不一定具有较高的生产率，故而可能会在整体上拉低出口企业的生产率。现有文献区分和剔除加工贸易企业进行检验，发现"出口—生产率悖论"现象消失，从而证实加工贸易企业的大量存在是悖论的原因。

李春顶（2010）采用估算方法去除中国工业企业样本中的加工贸易企业，将出口占产出比重超过50%的企业去除（因为加工贸易企业的产出主要用于出口），进一步的检验发现悖论现象消失，从而证明加工贸易企业的大量存在是悖论存在的原因。Dai等（2011）和戴觅等（2014）进一步将2000~2006年中国工业企业数据和海关数据合并筛选出加工贸易企业，发现中国20%的出口企业完全从事加工贸易，这些企业的生产率比非出口企业低10%~20%，剔除加工贸易之后中国企业"出口—生产率"关系符合异质性企业理论。Gao和Yin（2014）在理论上证明了贸易中介和加工贸易的存在对于解释"出口—生产率悖论"的作用，指出贸易中介和加工贸易的大量存在降低了国外市场的进入成本，进而出口企业不需要较高的生产率。

二、外资企业存在"出口—生产率悖论"

中国外商直接投资额较大，外资企业和外资子公司大量存在，外资企业在中国从事制造环节的生产，再将产品销售到其他国家，这类企业的出口面临国外市场的进入成本较低，在国外市场往往有成熟的销售渠道，不需要高的生产率抵消国外市场的高进入成本。事实上，外资企业和加工贸易企业有较大的重合，外资子公司在中国的生产制造活动很多都是从事加工贸易，而中国的加工贸易企业中相当大的比重是外资企业或者中外合资企业。现有文献发现外资企业中存在显著的"出口—生产率悖论"，而去除外资企业之后的企业样本则不存在悖论现象。

Lu等（2010）使用1998~2005年的中国工业企业数据筛选出外资子公司（Foreign Affiliate）样本，实证研究发现外资子公司中，出口企业生产率显著低于非出口企业；而剔除外资企业的样本中，出口企业生产率高于非出口企业。他们进一步从理论模型角度分析了外资子公司的出口和供应本地市场等选择以及相应的生产率要求，从研发和制造加工的分工角度解释了为何中国的外资子公司中出口企业生产率低于非出口企业。盛丹（2013）使用1998~2006年中国工业企业数据实证研究发现，外资企业的出口存在明显的生产率悖论，即生产率水平显著低于非出口企业，而内资企业的出口符合异质性企业贸易理论的结论。

三、要素密集度不同

中国出口企业所属行业多数为劳动密集型，当出口产品的生产需要密集使用本地丰富要素时，国内市场的竞争比国外市场更加激烈，进而进入国内市场销售的企业需要更高的生产率，而出口国外市场的企业生产率反而较低。故而，对于资本密集型行业，出口企业的生产率高于非出口企业，没有"出口—生产率悖论"现象；而对于劳动密集型行业，出口企业的生产率会低于非出口企业，存在悖论现象。所以，行业的资本劳动比会影响悖论的形成，资本劳动比越低的行业，"出口—生产率悖论"愈加明显。

Lu（2010）使用1998~2007年的中国工业企业数据发现了"出口—生产率悖论"的证据，并根据不同企业的资本劳动比例分组，分析悖论的存在性，发现劳动密集型行业的悖论愈加明显，而资本密集型行业不存在悖论现象。论文扩展理论模型分析了要素密集度对于"出口—生产率悖论"的影响，指出当企业出口产品的生产中需要密集使用本国丰裕要素时（在中国为劳动要素），国内市场面临的竞争程度将高于国外市场，决定了国内市场的进入成本更高，只有生产率更高的企业才会"自选择"进入国内市场，而生产率低的企业将只出口国外市场。图8-7列示了不同要素密集度行业中，企业出口和供应国内市场选择的生产率临界值（Cutoff）水平。Z为生产率水平，Z_d为供应国内市场生产率临界值，Z_x为出口的生产率临界值。显然，劳动密集型行业中，出口企业的生产率水平低于内销企业。李建萍和张乃丽（2014）使用2008年989家上市企业的数据实证检验了"出口—生产率悖论"，发现国家间要素禀赋差异和部门间要素密集度差异会导致不同行业的企业在出口竞争力上存在差异，比较优势部门（劳动密集型）的生产率悖论现象突出，而比较劣势部门（资本密集型）的生产率悖论现象较弱。梁会君和史长宽（2014）使用2003~2007年中国工业企业数据的实证研究发现，不同资本劳动比的企业生产率对出口行为的影响不同，劳动密集型和资本密集型行业的企业存在不同程度的"出口—生产率悖论",较高的资本劳动比会减弱悖论,较低的资本劳动比会增强悖论。

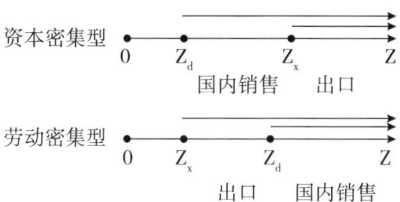

图 8-7　不同要素密集度企业市场进入的生产率临界值

资料来源:Lu(2010)。

四、市场进入成本和贸易成本不同

一些研究文献认为,中国国内市场的进入成本较高且国内贸易成本高,甚至高于国外市场进入成本和出口的贸易成本,导致生产率低的企业"自选择"进入出口市场,而只有生产率高的企业才能在国内市场销售。这一解释要成立必须证明中国国内市场的进入成本确实高于国外市场,且国内贸易成本确实高于出口贸易成本,但现有文献多为理论分析,还不能证明。

徐蕾和尹翔硕(2012)从贸易成本视角解释了中国出口企业的生产率悖论,指出国内市场不是一个统一的大市场,在国内市场销售的固定贸易成本甚至超过了出口固定成本,从而存在"出口—生产率悖论"现象。安虎森等(2013)从理论模型角度解释中国企业的"出口—生产率悖论",发现当两国完全对称时,高生产率企业同时进入国内外市场,而低生产率企业进入国内市场;当本国市场规模小同时进入成本高时,高生产率企业进入国内市场而低生产率企业选择出口,出口企业生产率低于内销企业。于春海和张胜满(2013)的分析表明,中国的外资企业或者加工贸易企业一般具有事前的国外销售经历和国外销售渠道,进入国外市场的成本低于进入国内市场,故而出口成为低生产率企业的自发选择。梁会君和史长宽(2014)也指出了国内较高的贸易成本是劳动密集型企业呈现生产率悖论的一个重要原因。

五、出口密度的差异

出口企业按照出口占总产出比重（称为出口密度）的不同可以划分为不同的类别，不同出口密度的企业在出口和生产率关系上的结果存在差异。实证分析发现，出口密度高的企业存在"生产率悖论"现象，而出口密度低的企业不存在生产率悖论。其中的机制可能是出口密度高的企业多数为加工贸易企业、在国外具有成熟销售渠道进而国外市场进入成本低的外资企业，对于这些企业来说，出口市场的固定进入成本低于国内市场，所以只有生产率高的企业才能在国内市场销售，从而出口企业生产率低于非出口企业。这一解释与加工贸易企业以及外资企业的原因具有很大的相关性。

范剑勇和冯猛（2013）使用1998~2007年中国工业企业数据，按照出口密度将出口企业划分为四组。实证分析发现，出口密度较低的组别（25%以下）中，出口企业生产率远高于内销企业，且"出口学习效应"显著强烈而持续时间长；出口密度高的组别（75%~100%）中，出口企业生产率低于内销企业，存在"生产率悖论"现象，且没有"出口学习"效应。李春顶（2010）区分加工贸易企业的方法是将出口密度高于50%的企业界定为加工贸易企业，事实上也间接证明了出口密度不同是悖论的一个原因。

六、中国的市场分割和地方保护

相关文献指出，中国的国内市场是分割的，地方保护主义明显，导致企业在国内销售的进入成本和贸易成本都较高，甚至高于出口的成本，因此出口企业的生产率反而低于内销企业，存在"出口—生产率悖论"。这一解释与贸易成本和市场进入成本解释直接相关，是一个递进的关系，市场分割和地方保护是贸易成本和市场进入成本高的原因。

周世民和沈琪（2013）将市场分割和融资约束纳入到异质性企业贸

易模型,推导出市场分割下会形成重出口而轻内销的特殊情形,融资约束又加剧贸易扭曲并形成过度出口,形成中国出口企业的生产率悖论。盛丹(2013)的研究发现地方性行政垄断对中国外资企业的诸多限制及政策引导扭曲了企业的出口行为,形成了"出口—生产率悖论"。Yang和 He(2014)的实证研究发现,中国市场存在本地保护,保护的利润较高,只有生产率高的企业能够分享和获得保护的利润,而生产率低的企业进入出口市场并通过"出口学习"效应提高生产率水平。

七、其他原因解释

对中国企业"出口—生产率悖论"的解释文献较多,我们无法一一列举。除了以上梳理的代表性解释外,还有其他的一些解释,如贸易中介的作用、生产率非出口决定因素、企业技术和制度的路径依赖等。Gao 和 Yin(2014)指出贸易中介的大量存在降低了出口市场进入成本,企业进入出口市场的成本低于进入国内市场,从而形成了悖论。赵伟和赵金亮(2011)认为生产率并不是中国企业出口的决定因素,而企业所有制的异质性更加重要,从而会存在悖论现象。聂文星和朱丽霞(2013)的研究认为,中国出口企业的生产率悖论是由企业技术和制度的路径依赖形成的,出口导向的政策形成企业出口的"自增强效应"和对出口的依赖,低生产率企业大量进入出口市场而拉低了生产率。

表 8-5 中国企业"出口—生产率悖论"的原因解释

解释	具体内容	文献
加工贸易企业	中国加工贸易企业占据"半壁江山"。加工贸易的特征是"两头在外",出口市场进入成本低。加工贸易企业较低的生产率会在整体上拉低出口企业的生产率	李春顶(2010);Dai 等(2011);戴觅等(2014)
外资企业	外资企业在国外市场往往有成熟的销售渠道,出口面临国外市场的进入成本较低,只有较高生产率的企业才能销售国内市场	Lu 等(2010);盛丹(2013)

续表

解释	具体内容	文献
要素密集度	对于资本密集型行业，出口企业的生产率高于非出口企业，没有"出口—生产率悖论"现象；而对于劳动密集型行业，出口企业的生产率会低于非出口企业，存在悖论现象	Lu（2010）；李建萍、张乃丽（2014）；梁会君、史长宽（2014）
市场进入成本和贸易成本	中国国内市场的进入成本较高且国内贸易成本高，甚至高于国外市场进入成本和出口的贸易成本，导致生产率低的企业"自选择"进入出口市场，而只有生产率高的企业才能在国内市场销售	徐蕾、尹翔硕（2012）；安虎森等（2013）；于春海、张胜满（2013）；梁会君、史长宽（2014）
出口密度	出口密度高的企业存在生产率悖论现象，而出口密度低的企业不存在生产率悖论	范剑勇、冯猛（2013）
市场分割和地方保护	中国的国内市场是分割的，地方保护主义明显，导致企业在国内销售的进入成本和贸易成本较高，甚至高于出口的成本，因此出口企业的生产率反而低于内销企业	Yang 和 He（2014）；周世民、沈琪（2013）；盛丹（2013）
其他	①贸易中介的作用；②生产率非出口决定因素，企业所有制异质性更重要；③企业技术和制度的路径依赖等	Gao 和 Yin（2014）；赵伟、赵金亮（2011）；聂文星、朱丽霞（2013）

资料来源：笔者整理。

整体上，对于"出口—生产率悖论"的解释包括三个大的类别：第一个类别包括加工贸易、外资企业以及出口密度高的企业。这三者具有很大的相关性，加工贸易企业不少是外资企业或者中外合资企业，而中国的外资企业通常从事加工贸易；出口密度高的企业中很多会是加工贸易企业或外资企业，而加工贸易企业和外资企业的典型特征是出口密度高。第二个类别是要素密集度。认为不同要素密集度的企业，出口和内销的临界生产率水平存在相反的结果。资本密集型行业中，出口企业生产率高于内销企业；而劳动密集型行业中，出口企业生产率低于内销企业。这一解释在很大程度上对现有异质性企业贸易理论的适用性提出了挑战。第三个类别是市场分割和市场进入成本，两者是因果关系，市场分割和地方保护提高了市场进入成本和贸易成本，从而导致内销企业需要更高的生产率水平。表8-5梳理了现有"出口—生产率悖论"的解释和主要文献。

第六节　理论与现实思考及未来的研究方向

"出口—生产率悖论"目前只得到了中国企业数据的支持,从现有其他国家的实证研究结果看,仅有瑞士和韩国的数据略有存在悖论的迹象。瑞士的数据(Greenaway et al., 2005)发现出口企业和非出口企业生产率相当,并无显著差异,且企业没有"出口学习"效应;韩国数据(Aw et al., 2000)的结果是出口企业生产率略高于非出口企业,但并不十分显著。瑞士的情形可能是高度开放的经济环境形成的,导致国内外市场进入成本无差异,从而出口和非出口企业生产率相差无几,这与中国的情况大不相同。韩国的检验文献(Aw et al., 2000)使用的是20世纪80年代的数据,当时的韩国处于出口导向的经济发展时期,处于全球分工的制造环节,与中国目前的发展阶段有类似之处。但无论是瑞士还是韩国,仅仅发现了出口企业和内销企业生产率没有显著差异,与中国出口企业生产率反而低于内销企业的结果有根本性的差异。中国作为全球第一大贸易国和出口国,企业层面的出口特征显示了与最新的异质性企业贸易理论核心论断恰好相悖的结果,值得进行深入的研究和思考,对现有理论提出了挑战,对现实的中国企业出口行为选择提出了疑问。

一、中国企业"出口—生产率"关系的两种检验结果:悖论存在吗?

针对中国企业数据的"出口—生产率"关系检验出现有两种不同的结果:一类实证分析发现符合异质性企业贸易理论的论断,即出口企业具有更高的生产率;另一类实证分析却得出"出口—生产率悖论"的结果,即出口企业的生产率不仅不高于内销企业,反而低于内销企业。比较而言,支持存在"出口—生产率悖论"的文献整体上更多。那么,为何会有截然相反的结果?到底是否存在"出口—生产率悖论"?

根据对两类文献的梳理，出现两种实证结果可能存在以下几个方面的原因：第一，使用的数据不同。发现存在"出口—生产率悖论"的文献基本都是使用中国工业企业数据，并且悖论现象只出现在近些年份（2005年之后），而其他一些未发现悖论的文献往往是使用世界银行调查数据（如Kraay，1999），年度普查数据（如唐宜红、林发勤，2009），或者是省级调查数据（如易靖韬，2009；易靖韬、傅佳莎，2011），且这些数据的年份也会较早。不同的数据具有不同的特征，导致实证结果的差异。第二，检验数据的企业类型不同。发现"出口—生产率悖论"的文献不少揭示了存在悖论的企业主要是加工贸易企业、外资企业或者出口密度高的企业，而未发现悖论的文献有一些是使用中国本土企业进行检验（如张杰等，2009），或者其他类型企业数据。第三，生产率计算方法、计量模型的不同导致实证结果存在差异（如钱学锋、王菊蓉，2011；赵伟等，2011；邱斌等，2012）。

当然，差异的实证结果也说明了，中国企业的"出口—生产率悖论"只是一个局部现象，是部分特殊的企业类型或中国贸易中的特有模式带来的结果；如果用以检验的样本没有包含存在悖论的企业，则不会检验出悖论特征。故而，出现两类不同实证结果的文献是不矛盾的，反而从不同的角度揭示了中国企业"出口—生产率"关系的真实状况。综合现有研究，可以肯定的一个结论是：中国企业的"出口—生产率悖论"在近些年份的全样本规模以上工业企业数据中是客观存在的，且悖论现象在加工贸易企业样本和外资企业样本中表现得更加突出。

二、理论思考：中国悖论对异质性企业贸易理论的挑战

生产率异质性是最新贸易理论的核心假定，而"出口—生产率"关系是异质性企业贸易理论的核心内容。中国出口企业的"生产率悖论"毫无疑问对现有理论提出了挑战，至少是提出了一个例外和特殊情形。问题的重点是，中国企业的"出口—生产率悖论"是对最新理论的颠覆性挑战还是一个补充和拓展。

现有文献发现，中国企业的"出口—生产率悖论"虽然在全样本数

据中显著存在,但主要是由加工贸易企业、外资企业或者出口密度高的企业引起的;剔除这一部分特殊的企业样本之后,其他类型企业样本的检验结果完全符合理论的论断。故而,异质性企业贸易理论的核心结论是正确可靠的,但是有约束条件的,中国的加工贸易企业和外资企业就是例外情形。那么,为何目前只有中国数据检验出悖论的结果,原因是中国对外贸易的特殊性,加工贸易占据总贸易的一半份额、是外商直接投资的大国。同时,由于企业数据的可获得性,与中国有相似类型的国家并没有可以对照的数据和文献可查,所以并不明确是否存在加工贸易企业和外资企业样本在各个国家都存在悖论的结果。

综上所述,中国企业的"出口—生产率悖论"并没有颠覆或者否定最新贸易理论的核心结论和正确性,而是提出了一个例外和约束条件,证明了中国的加工贸易企业、外资企业或者出口密度高的企业出口行为选择是不符合理论预期的。如果进一步研究能够证明,这类企业在多数国家都存在悖论的现象,则可以拓展有针对性的理论分析他们的"出口—生产率"关系选择。如果仅仅只是中国的特例,也至少在理论上提出了一个特殊情形。故而,中国企业"出口—生产率悖论"是对最新前沿贸易理论的补充和拓展,提出了一个注解和约束条件,值得进一步深入研究。

三、现实思考:中国企业出口的二元结构

改革开放造就了中国对外贸易大国的地位,中国已经深处全球价值链的生产制造环节,加工贸易占据了对外贸易总额的一半份额。"出口—生产率悖论"清楚地说明中国加工贸易企业的出口行为完全不同于一般贸易企业,中国企业的出口呈现了典型的二元结构。一方面,一般贸易企业按照异质性企业贸易理论的决策模式进入出口市场;另一方面,加工贸易企业的出口行为选择迥然不同。中国企业出口的二元结构引起一系列的现实思考。

其一,加工贸易企业的出口贸易行为选择有何特点和决定因素,具有什么样的特征,需要理论和实证的进一步分析。其二,中国企业出口

的二元结构为经济增长和就业带来了什么，是否具有可持续性，哪一种模式的出口发展对中国更加有利，未来如何转型，都值得开展进一步的研究。其三，在全球价值链深化，贸易和投资一体化不断推进的形势下，中国企业的二元出口结构将如何转型和发展。

中国企业出口的二元结构随着"出口—生产率悖论"的发现而凸显，对于中国经济和对外贸易的转型发展，经济结构的优化升级和深化改革开放具有现实启发。

四、未来研究方向

中国企业的"出口—生产率悖论"研究正处于发现和解释阶段，受到了越来越多的关注，一系列的后续研究文献不断涌现。据可查资料，好几项中国国家社会科学基金和自然科学基金就此问题立项研究，国际相关论文受到重视和关注。未来这一问题的研究具有较大的空间和潜力。

第一，悖论的进一步验证。首先，可以使用更多不同的中国企业样本数据开展实证检验，同时更加细致地划分企业类型、使用不同的生产率计算方法和计量模型进行检验，探究中国企业"出口—生产率悖论"的证据，并证实是否确实存在。其次，收集其他类似国家的企业样本数据，如其他国家的加工贸易企业数据、外资企业数据等进行检验，探寻悖论是否仅仅在中国企业中存在，还是其他类似国家和同类企业中普遍存在。最后，使用同样的企业数据，进一步细致深入地分析存在悖论的企业类型，更多详细的表现特征，真正存在悖论的企业种类、行业种类、时间阶段、空间布局等，全面厘清悖论的分布。

第二，悖论原因的进一步探索与检验。首先，对于悖论的解释很多，到底背后真正的原因是什么，是加工贸易、外资企业还是出口密度高的企业（有文献称为"纯出口企业"，即 Pure Exporter）引起了悖论，需要有更多细致的实证检验进行验证。其次，中国企业"出口—生产率悖论"的原因是否具有一般性，即是否可以找到其他国家的数据验证原因的普遍适用性。

第三，悖论对理论的挑战和发展。首先，中国悖论存在的特例需要给理论加上注解和约束条件,能否在理论上进一步发展,将两种情形都包含在内,形成更加一般性的理论。其次,中国悖论的特例在理论上应该如何解释,例如加工贸易企业和外资企业的"出口—生产率"关系需要理论上的发展。

第四,悖论对中国经济的影响。中国企业的二元出口贸易结构有何特点,悖论的存在对于中国经济增长和收入分配和就业存在怎样的影响,悖论引发的二元出口结构是否可以持续,未来应该如何转型和发展,都是待解决和研究的问题。

第九章

新—新贸易理论文献综述

第一节 引言

国际贸易理论是随着贸易实践的发展而不断演进的，是解释国际贸易的模式和趋势以及分析贸易的经济效应的理论。国际贸易在最初的阶段表现为产业间的分工，比较优势和要素禀赋能够很好地解析该种贸易；而随着国际分工和贸易的深入，产业内分工逐渐占据了国际贸易的主导地位，于是现实呼唤新的理论出现，这推动了以不完全竞争、规模经济和产品差异化为基本假设的新贸易理论登上历史舞台。然而国际分工的进一步发展和企业活动国际化的深入，出现了以企业为核心的国际贸易新格局。当前国际贸易的现状是，大多数企业只供应国内市场，在服务国际市场的企业中，一部分采用出口贸易的形式，另一部分采用对外直接投资的方式；在生产组织上，一方面众多的企业采取内部化和一体化的生产结构，把产品生产的各环节和上下游产品都纳入企业内部以节约交易成本，另一方面企业又把部分生产环节外包出去。为什么会出现这些情况，以及这些情况对于企业的成长有什么作用，不同特征的企业会选择何种贸易和投资模式等问题，以前的理论都不能够解释，这时就出现了以企业异质性、不完全竞争和规模经济为特征的新—新贸易理论（New-New Trade Theory）。

第二节 新—新贸易理论简述

新—新贸易理论的概念最先是由 Baldwin 于 2004 年提出（Baldwin 和 Nicoud，2004；Baldwin 和 Forslid，2004），不过最早研究新—新贸易理论的代表文献当属 Melitz（2003）和 Antras（2003），以及 Bernard 等（2003）。只不过这些文献还没有真正将其称作新—新贸易理论。该理论是用来解释最新的国际贸易和投资现象的，其以微观的企业为研究对象，研究企业的全球生产组织行为和贸易、投资行为。其最突出的特征在于假设企业是异质的，异质性主要体现在生产率差异。该理论中，以 Melitz（2003）为主导的方向主要探索企业的国际化路径选择，又被称为异质性企业贸易（Heterogeneous-Firms Trade，HFT）理论（Baldwin and Okubo，2005，2006a，2006b）；而以 Antras（2003）为主导的方向主要探索企业全球组织生产抉择，又被称为企业内生边界理论。

一、新—新贸易理论的内容、研究方向和基本假定

新—新贸易理论要解决和回答的问题主要包括：什么样的企业会选择服务于国际市场？他们如何服务国际市场（是通过出口的方式还是对外直接投资的方式）？什么情况下企业会选择外包而不是一体化？什么情况下企业会选择国际外包（Offshore Outsource）而不是国内外包？什么情况下企业会在国内一体化而不是国际一体化？

以上提到的这些问题包含了两个主要的研究方向和线索。第一条线索就是关于企业的国际化路径抉择（International Entry Decision）。在该线索中，企业可以选择退出市场、供应国内市场、出口国外市场以及对外直接投资供应国外市场四种类型，当然在对外直接投资中还包括是通过新建还是跨国并购的方式进入。该线索的研究是当前新—新贸易理论的主要研究方向和思路，其要解决和分析的问题主要有：什么样的企业

会选择出口？出口能够增强企业的绩效和竞争力吗？贸易自由化对于企业和国家的效应是什么？企业如何选择出口和FDI？第二条线索是关于企业的内部化抉择（Internalization Decision）。在该线索中，企业可以选择包括一体化（Integration）和外包（Outsourcing）两种，再加入国内国外两种情况，企业的选择包括：①国内一体化，也称为国内内包（Insource at Home），是指企业只在国内生产；②国际一体化，又称国际内包（Offshore Insource）和垂直对外直接投资（Vertical FDI），是指企业通过在国外设立分公司生产部分中间产品和零部件，再通过公司内贸易出口国内母公司的生产形式，其涉及公司内贸易（Intra-firm Trade）；③国内外包（Outsource at home），是指企业通过在国内外包的形式组织生产；④国际外包（Offshore Outsource），是指企业将部分中间产品和零部件通过在国外市场外包，再通过贸易进口到国内来组织生产。该领域集中要解决和分析的问题有：什么因素和原因决定了企业的外包和一体化选择？什么样的企业会选择国内外包和国际外包？什么样的企业会选择国内一体化和国际一体化？外包和垂直对外直接投资会给企业带来什么？图9-1总结新一新贸易理论的主要内容和研究方向。

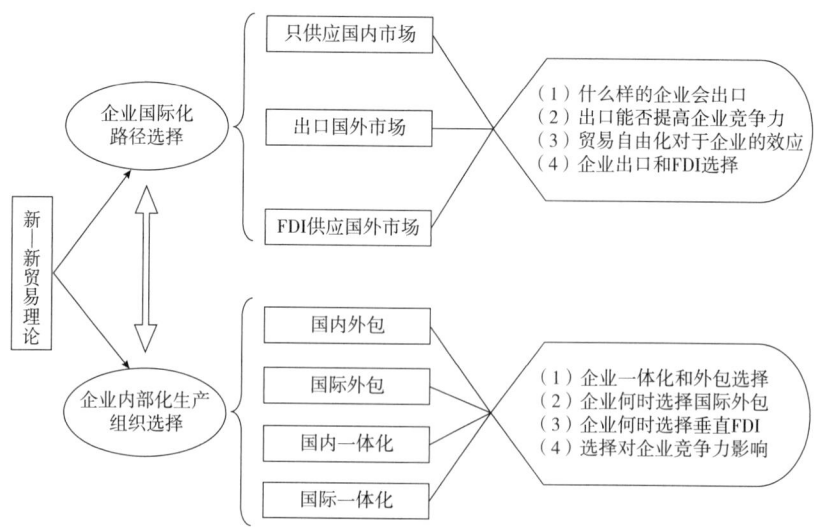

图9-1 新—新贸易理论的主要研究方向和内容

资料来源：笔者整理。

二、新—新贸易理论与前期贸易理论的关系

纵观国际贸易理论的演进历史,大致可以分为三个阶段,即传统国际贸易理论、新贸易理论和新—新贸易理论。传统国际贸易理论包括古典的李嘉图比较优势理论和新古典的赫克歇尔-俄林理论,该类理论不仅假设企业是同质的,还假设产品是同质的,且市场结构为完全竞争的,没有规模经济和贸易壁垒,在此情形下,各国按照自己的比较优势和要素禀赋来专业化生产和贸易,该类理论一般用来解释产业间贸易的情况。随着产业内贸易的发展和扩大,传统贸易理论开始无法解释该现象,这时市场结构变动和产品差异化被引入了模型,由此新贸易理论诞生了。新贸易理论仍然假设企业是同质的,也就是假设企业的生产是一个"黑箱子",生产技术都是一致的,但由于不完全竞争和规模经济的存在,以及产品的差异化导致了产业内贸易存在。随着国际贸易的进一步发展,以微观企业为主体的贸易行为越来越多,企业的差异越发突出,这又呼唤出现新的贸易理论,这时以企业异质性为主要假设的新—新贸易理论诞生了,其接受了新贸易理论的有关市场结构和产品差异化的假定,同时加入内生的企业异质性,开创了国际贸易理论发展的新思路和新视角。我们用表9-1来总结各个国际贸易理论之间的关系。

表9-1 国际贸易理论基本情况比较和总结

内容	传统贸易理论	新贸易理论	新—新贸易理论
基本假设	同质企业、同质产品、完全竞争市场、无规模经济	同质企业、产品差异化、不完全竞争市场、规模经济	企业异质性、产品差异、不完全竞争市场、规模经济
主要结论	贸易是按照比较优势和资源禀赋差异进行的;解释了产业间贸易的情况	市场结构差异和规模经济存在以及产品差异化扩大了贸易;解释了产业间贸易的情况	企业的异质性导致企业的不同贸易决策选择;主要解释公司内贸易和产业间贸易,也解释了产品间贸易

续表

内容	传统贸易理论	新贸易理论	新—新贸易理论
理论研究文献	Ricardo（1817）；Heckscher, Ohlin（1920s）；Samuelson, Rybczynski, Venek（1950~1960s）；Jones, Bhagwati, Findlay, Deardorff（1960s~1970s）	Either, Lancaster, Krugman, Helpman, Brander, Markusen（1980s）；Brander, Spencer, Dixit, Grossman（1980s）；Grossman, Helpman（1990s）	Melitz, Antras, Helpman, Eaton, Bernard, Baldwin, Jensen, Yeaple（2000s）
经验研究文献	Leontief（1950s）；Leamer（1970s）；Trefler, Davis, Weinstein（1990s）	Grubel, Lloyd（1975）；Dixit（1980s）；Levinshon（1990s）；Feenstra, Hanson（1980s-1990s）	Bernard, Jensen（1990s-2000s）

资料来源：笔者根据相关文献整理。

第三节 出口、FDI 和异质性企业的国际化路径

一、文献的基本内容和结论

1. 异质性企业的出口贸易选择

Melitz（2003）引入了一个垄断竞争的动态产业一般均衡框架，又将企业生产率差异纳入模型中，理论分析的结果证实只有生产率高的企业会进入出口市场，而生产率低的企业只为国内市场生产，而且贸易的开展会迫使低生产率的企业退出市场，进一步的分析还表明，更多的贸易自由化有利于高生产率企业的发展。该文献所建立的理论模型实际上就构成了新—新贸易理论的基础，之后的很多研究都是以此模型为基础而设定的。Bernard 等（2003）通过扩展李嘉图模型，使其成为包含多个国家、允许地理壁垒（Geographic Barriers）及不完全竞争、存在企业异质

性的贸易模型。结果得出，企业的生产率和规模影响了企业的出口，出口企业拥有较高的生产率和较大的规模，且贸易壁垒的降低会促进企业出口，论文还用美国与46个国家的贸易数据证实了这些结论。Bernard 和 Jensen（2001）建立了一个利润最大化企业出口决策的动态模型，并用美国制造企业的面板数据分析了影响企业出口的因素，发现市场进入成本影响企业出口，美国的出口促进措施对于出口影响不大，而汇率的变化也会影响到企业出口。Baldwin（2005）以 Melitz（2003）的模型为基础，分析了国内企业（Domestic Firms，D-Types）、出口企业（Export Firms，X-types）和不生产企业（Non-producers，N-types）等不同类型企业之间的生产率差异，证实了高生产率企业选择出口的结论；同时论文还研究市场开放度、贸易量和价格以及生产率的效应，得出贸易自由化具有再分配效应，对于高生产率企业有利，这与斯托尔珀—萨缪尔森定理（Stolper-Samuelson Theorem）的结论一致。Ghironi 和 Melitz（2005）也是引入了 Melitz（2003）的基本模型假定，建立了一个随机的、宏观动态一般均衡两国贸易模型，并假定企业的生产率存在差异以及垄断竞争的市场结构，模型证明了只有相对高生产率的企业出口，并分析了外生的生产率冲击以及贸易成本变化对于企业出口和退出市场等决策的影响，其得出的结论和前期研究结果基本一致，同时该文献的进一步扩展分析研究还为哈罗德－巴拉萨－萨缪尔森（Harrod-Balassa-Samuelson）效应提供了一个内生的微观解释，另外模型还成功模拟了美国数次经济周期。Yeaple（2005）用一个同质企业的一般均衡框架，设定这些企业会选择异质的技术，但其选择是确定的，模型分析得到出口企业一般规模更大，会选择高级技术，支付高工资，且生产率会更高。Namini 和 Lopez（2006）建立了一个动态一般均衡模型，分析比较企业随机选择进入出口市场和谨慎选择进入出口市场两种情况下的福利状况，结果表明，贸易自由化的积极效应会使得企业谨慎进入出口市场，但其负面效应也会让企业选择随机进入；论文还用1991~1999年的智利企业数据作了实证分析，发现企业在进入出口市场时会谨慎地采纳人力资本密集的技术；所以企业的出口选择是一个谨慎的选择，而不是随机的。

以上文献都是假定外生的企业异质性，也就是企业生产率和规模的决定是外生和随机的，而不是内生决定的。在此基础上，一些扩展文献引入了企业技术选择机制，将生产率的决定变成由企业内生选定，当然企业的选择也是由其外生的生产率和吸收能力等决定。以上 Yeaple（2005）的文献实际已经引入了技术选择，但由于其基本假定是企业同质，故不将其归入此类。Bustos（2005）建立了一个垄断贸易模型，并假设企业异质性，由于企业的生产率差异、采纳技术的成本不同，所以它们会选择不同的技术；而贸易自由化通过扩大市场规模、消除技术转移的限制促使企业采纳新技术，故而最有效率的企业进入了出口市场，出口的高利润抵偿了采纳新技术的固定成本。Hansen 和 Nielsen（2007a）改变先前垄断竞争的市场结构，建立了一个双寡头贸易模型，寡头企业可以选择两种不同的技术，一种是高固定成本低边际成本，另一种是低固定成本高边际成本，结果显示，企业规模、市场一体化程度、贸易成本等因素都会影响企业的选择，一般出口导向的企业会选择低边际成本的技术，贸易成本的降低会引致更多的出口。Hansen 和 Nielsen（2007b）与 Hansen 和 Nielsen（2007a）使用了同样的方法和假设，得到了一样的结论，只不过 Hansen 和 Nielsen（2007b）是从规模经济和范围经济角度看企业的技术选择。

2. 不出口、出口、FDI 与异质性企业选择

上一部分的文献只涉及不出口和出口以及退出市场三种企业选择，而这里的文献将视角扩展到了企业通过什么样的方式服务国际市场，是通过出口还是对外直接投资。Helpman 等（2004）开创了该类文献的新篇章，提供了一个综合化的框架。该文献也是继承了 Melitz（2003）的基本模型假定，引入企业异质性，结果得出，最有效率的企业会参与国外市场，而这些最有效率的企业中，采取 FDI 方式进入国际市场的企业效率最高，而效率次之的以出口方式进入国际市场；同时，在企业异质性较明显和较大的产业，FDI 销售方式更多地被采用；论文还用美国 52 个生产部门参与 38 个国家市场的现实数据检验了论文的结论。Head 和 Ries（2003）建立模型用生产率差异解释了为什么一些企业只提供国内市场而其他企业会通过出口和 FDI 提供国外市场，得到如果对外直接投资并不能从东道国获取成本优势，则直接投资的企业生产率比出口企业

更高；论文还用 1070 个日本大企业数据证实了其结论。Nocke 和 Yeaple（2006）建立了一个包含异质性企业的一般均衡框架分析企业进入国际市场的方式，包括出口、绿地投资（Greenfield FDI）和跨国并购（Cross-border M&A），结果证明，企业的异质性尤其是企业移动能力在此发挥主要作用，跨国并购的企业既包括最高生产率的企业也包括最低生产率的企业，且模型得出绿地投资方式对于本国经济发展更有利，而跨国并购对于东道国更有利。

3. 贸易自由化的效应

新—新贸易理论框架下的贸易自由化效应是分析贸易成本降低对于企业、产业和国家的影响。大多文献的结论是，贸易自由化会促进原来的出口企业更多地出口，新的更多企业加入到出口行列并使这些出口企业获利，但竞争的加剧也会让原先生产率不高的企业选择退出市场，从而能够提高一国企业的整体生产率水平。Bernard 等（2006a）建立了一个典型的多产品厂商新—新贸易理论模型框架分析贸易自由化的影响，结论显示，贸易自由化促使企业去生产自己最有效率的产品，并导致一些无效率企业退出生产，推动企业内部和企业之间生产率的提高；自由化还使得企业出口的产品种类减少，但出口量会增加，这表明自由化对于一国的比较优势产业是有利的。Baldwin 和 Nicoud（2004）将内生化增长率纳入 Melitz（2003）模型，推导结果是，虽然贸易自由化通过选择效应（Selection Effect）和生产再分配效应（Re-allocation Effect）提高企业的生产率，但其实际上只是在水平意义上提高了生产率，实际却会损害增长速度。Baldwin 和 Nicoud（2005）研究了企业异质性情况下贸易与增长之间的关系，发现在动态情形下，自由贸易不仅会反增长（Anti-growth），还会损害福利，这与一般的内生增长模型结果是不同的；同时还发现市场进入成本会反增长而异质性会促进增长。Bernard 等（2006b）研究了一般均衡条件下自由贸易如何影响国家、产业和企业，假定企业具有异质的生产率、产业要素密集度不同、国家的要素禀赋存在差异；这种情况下，贸易成本的降低导致产业和国家的资源再配置，一国的比较优势部门获得了更大的收益，但其生产率的提高却受损甚至会损害稀缺要素的实际收益。

4. 企业异质性与产业集聚

该类文献是将异质性企业贸易模型和新经济地理学（New Economic Geography，NEG）模型结合起来，分析在允许产业集聚的情况下，新—新贸易理论的相关结论，该类文献扩大了企业异质性的范围，把企业规模和分布差异纳入异质性定义。另外，在加入企业异质性因素后，新经济地理学的很多结论也发生了变化。在该领域做出贡献的学者主要有 Baldwin 以及 Okubo，他们在 2005 年的文献中（Baldwin and Okubo, 2005），将 Martin 和 Rogers（1995）的新经济地理学模型和 Melitz（2003）的新—新贸易理论模型结合在一起，构建的模型分析得出，自由贸易不仅影响到平均利润率，也影响到企业的地理分布。本地市场效应（Home-Market-Effect）导致大部分生产率高的企业从小的国家迁移到大的国家，这意味着自由贸易提高了大国的生产率，而对于小国的生产率是有损害的。Baldwin 和 Okubo（2006a）从异质性企业贸易模型关于贸易和生产率关系的结论入手，也是通过把新经济地理学的模型加入异质性企业贸易模型，允许企业的再分布（Firm-Size Distribution），得出的结论是贸易具有企业再分布效应，小国的高生产率企业会迁移到大的国家，结果贸易对于大国和小国的效应是不对称的，大国从中获利，提高了生产率，小国则相反的生产率受损。Baldwin 和 Okubo（2006b）构建模型的方式与之前文献相似，但其将关注的视角集中于新经济地理学，分析加入了企业异质性之后新经济地理学结论的变化，结果表明，最有效率的企业最先进入大的地区，这种非随机的选择（Selection）表明原先的新经济地理学的实证方法高估了集聚效应；按照同一选择逻辑，不发达地区的产业补贴会有一个分类效应（Sorting Effect），即那些最有效率的企业，无论他们初始国籍如何，都会选择进入核心地区，而那些效率低的企业会选择进入边缘地区。

5. 一些最新的进展

在异质性企业贸易理论的框架下分析贸易政策是一个新的进展，主要文献包括有：Baldwin 和 Forslid（2004）在异质性企业框架下分析了贸易自由化的效应，指出贸易自由化具有反产品种类效应（Anti-Variety Effect）和 Stolper-Samuelson 效应；第一种效应会降低福利而第二种效应会增加福利。所以自由贸易对于劳动者和出口企业的福利影响都是不确定的。另外，Bombardini（2004）也从异质性企业理论框架分析了贸易政策的选择。另一个新的进展在于企业异质性类型的扩展，不仅仅局限于生产率差异，而是考虑企业生产的产品品质的异质性。如 Baldwin 和 Harrigan（2007）将企业的异质性扩展到运输和贸易成本，来解释企业出口行为的选择。同时，新—新贸易理论的框架还出现了与先前贸易理论框架融合的趋势，如 Bernard 等（2007）将比较优势理论与异质性企业理论模型融合在一起，分析国家、产业以及企业层面对于贸易自由化的不同反应。

二、理论研究方法

异质性企业贸易理论的模型和文献基本都是建立在一个统一的框架下，它们基本以新贸易理论模型为基础，再加入边际成本差异的企业异质性变量以及固定的市场进入成本而形成，并假定贸易存在"冰山成本"[①] 所以异质性企业贸易理论的模型框架又被称为"异质性边际成本和固定市场进入成本模型"（Heterogeneous Marginal Costs and Fixed Market-Entry Costs Model，HMCFMEC 模型）。

这些文献中，具有开创和代表性的文献是 Melitz（2003），该模型假定世界由两国组成，每个国家都有一个生产部门，生产需要劳动 L 这一种要素，市场是迪克西特—斯蒂格利范（Dixit-Stiglitz）垄断竞争模式，贸易成本以比例 $0<\phi<1$ 表示，企业的异质性以生产的边际成本表示，F_I 表示国外直接投资的固定成本，F_D 和 F_X 分别表示进入国内市场和出口市场的固定成本。模型还假定企业的边际成本是随机分布的，用 a_i 表示，其服从帕累托分布（Pareto Distribution）：$G(a)=(a/a_0)k,(0 \leq a \leq a_0)$。

[①] 冰山成本是定义国际贸易运输成本等的重要方法，其机理是把贸易的成本看作是部分商品在运输途中融化掉了，也就是不能够把全部产品的价值从出口国移动到进口国。例如假定一个二次冰山成本函数 $(1-g_{ij}y_{ij})y_{ij}=m_{ij}$，表示出口国出口 y_{ij} 的产品，到进口国只剩下 m_{ij} 单位，其中的 $g_{ij}y^2_{ij}$ 单位在运输中"融化"了。

再假设企业存在三种类型：N-types，D-types 和 X-types。^① 通过对于模型的分析得到图 9-2 的结果，横轴表示企业的边际成本，纵轴表示企业选择某种类型的概率，G（a）表示企业的生产率分布，nG（a）表示 n 个企业的平均生产率分布。可以看到，边际成本越高的企业选择退出市场（N-types）的概率越大，而边际成本越低的企业会越多地选择出口（X-types），也就是说高生产率的企业才会出口。模型建立两个截断条件（Cut-off Condition）和一个自由进入条件求得均衡，并以此为基础进一步分析自由贸易的福利效应和生产率效应。随后很多文献都是建立在该文献基础上的，例如 Baldwin（2005），Ghironi 和 Melitz（2005）等，不过那些文献也都从一定程度上扩展了 Melitz（2003）的模型，例如会假设市场环境是寡头而不是垄断，或者将生产率分布内生化，等等。

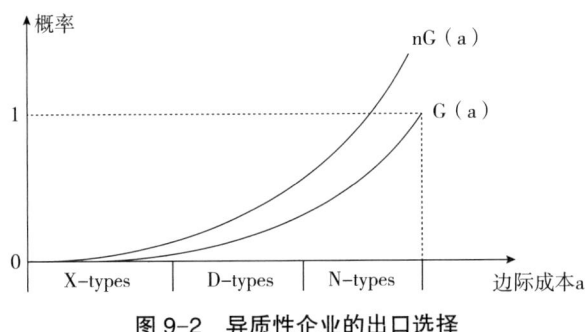

图 9-2　异质性企业的出口选择

注：X-types 表示出口型企业，D-types 表示国内销售企业，N-types 表示退出市场的企业，G（a）是单个企业的生产率分布函数，nG（a）是所有企业的生产率分布函数。

资料来源：Melitz（2003）。

另一个具有代表性，且把国内销售、出口和 FDI 三种选择都进行了分析的框架是 Helpman 等（2004），该文献的基本假定和 Melitz（2003）相似，但其分析方法和模型存在差异，我们做简要的介绍。设定一个包含 N 个国家的经济，使用唯一的要素——劳动 L 来生产 H+1 个部门的产品。其中一个部门用一个劳动可以生产一单位同质产品，另 H 个部门

---

① N-types 表示退出市场的企业类型，D-types 表示只进入国内市场的企业类型，X-types 表示进入出口市场的企业类型。

生产差异化产品。外生变量 β_h 表示花费在部门 h 上费用占总收入的比重，剩下的部分 $1-\sum_h \beta_h$ 是用于生产同质产品的部分。国家 i 拥有 L_i 的劳动且其工资率是 w_i。考虑某一生产差异化产品部门 h，设其生产产品的单位产品劳动投入为 a，且 a 服从随机分布 G（a），F_I、F_D 和 F_X 的设定含义与 Melitz（2003）中一样。产品从 i 国出口到 j 国的冰山运输成本为 $\Gamma_{ij}>1$[①]，在进入市场后，竞争环境为垄断竞争。设定消费者对于产品 h 的偏好是标准的 CES 形式，替代弹性是 $\varepsilon=1/(1-\alpha)>1$，从偏好可以推出需求函数 $A_i p^{-\varepsilon}$，在垄断竞争条件下，产品的价格是 $p=w_i\alpha/\alpha$。i 国的企业是通过出口还是 FDI 来服务 j 国市场，涉及一个权衡（Trade-off）：相对于出口，FDI 节约运输成本；相对于 FDI，出口节省国外生产的固定成本。假设均衡时，没有企业会既出口又 FDI，假设 $(w_j/w_i)^{\varepsilon-1}F_I>(\Gamma_{ij})^{\varepsilon-1}F_X>F_D$，可以求得均衡条件下的国内市场、出口和 FDI 的利润，用图 9-3 表示。可以看出，生产率低于 $(aD_i)^{1-\varepsilon}$ 的企业会退出市场，而生产率介于 $(aD_i)^{1-\varepsilon}$ 和 $(aX_{ij})^{1-\varepsilon}$ 之间的企业在销售国内市场的同时会选择出口，而只有生产率高于 $(a_{Iij})^{1-\varepsilon}$ 的企业在销售国内市场的同时还会对外直接投资（FDI）。论文接下来的分析就是建立在这一框架的基础上进行的。

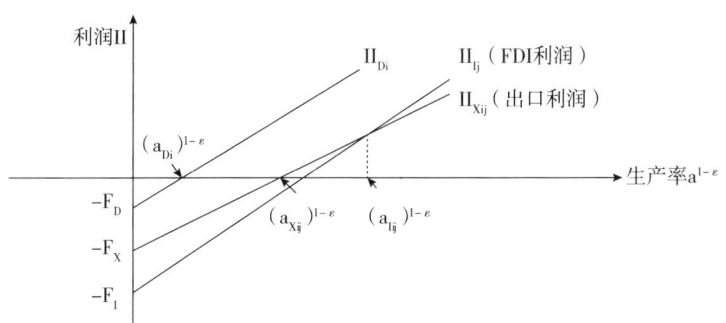

图 9-3　企业国内销售、出口和 FDI 的利润

注：ΠD_i 和 Π_{Iij} 以及 Π_{Xij} 分别表示国内销售、对外投资以及出口的利润，F 等则表示企业各种选择的固定市场进入成本。

资料来源：Helpman 等（2004）。

---

① 表示 Γ_{ij} 单位的商品从 i 国运出，最后到达 j 国时，只剩下 1 单位。

根据以上两个典型文献模型的基本设定情况，我们可以看出，该部分的研究方法基本是在一个HMCFMEC模型框架中进行的，用企业生产产品的边际成本差异表示企业异质性，设定有固定的市场进入成本，市场结构是不完全竞争的，在此基础上再来具体分析企业对于国内销售、出口和FDI的选择，以及贸易对于企业和产业及国家的影响效应情况。

三、有关经验检验文献

有关经验文献是对以上模型的基本结论进行实证检验和证明，本部分提到的很多文献在结束了理论模型研究之后也作了实证的分析，如Head和Ries（2003）、Helpman等（2004）、Namini和Lopez（2006）以及Chironi和Melitz（2005）等，我们在分析这些文献时已经作了介绍。以下我们将综述专门检验企业国际化路径选择理论的有关经验文献。

Bernard等（2006）使用美国1987~1997年的产业和企业数据实证检验贸易成本的降低对于企业的效应，使用的方法是简单的普通最小二乘法（OLS）。结果证实，贸易成本的降低存在有利于高生产率企业的经济活动再分配效应，其生产率会进一步提高，而那些低生产率的企业会退出市场，一些生产率相对较高的非出口企业开始进入出口市场，而原有的出口企业出口更多。这些结论与理论模型的结果是完全一致的，说明企业异质性和生产率差别能够很好地解释新的贸易现象。Bernard等（2007）用美国1993~2000年的具体企业微观数据，使用直接分析的方法对企业的贸易和投资等行为进行了全面实证解析。有关结论是：出口的企业占据主导作用，美国1/3以上的就业是由出口企业提供的；那些国际化程度越高的企业，其在经济中的作用越大，主导着美国的贸易和就业，尤其对于就业的作用是不可估量的。有关文献还包括有：Eaton等（2008）、Helpman等（2008）以及Chaney（2008）。

该部分的经验文献与新—新贸易理论出现之前的经验研究是紧密联系的，不同的是这里文献的目的在于检验和核实理论结果，而之前的经验研究都是对于现实情况的揭示，其目的性存在差别，且后期的研究更加具体和深入。在研究方法上，经验研究并没有使用什么复杂的计量模型和处理程序,更多的是使用最小二乘法和具体数据计算。在研究结果上,可以发现理论和实证是基本完全相符的,这说明该理论具有较强的说服力和现实性,最新的贸易趋势确实是由企业的异质性所决定的。

第四节　异质性企业全球组织生产抉择

该部分研究所要回答的问题是,企业是通过外包还是一体化来组织生产,外包和一体化是在国内进行还是国外进行。决定这些选择的因素包括交易成本和不完全合约,在分析一体化选择时一般是从 Coase 的节省交易成本角度进行,而分析外包选择时一般是从不完全合约的角度进行。实际上,该类问题的研究一直是产业组织理论分析的内容,且文献也较为丰富,Spencer(2005)就此问题做了一个文献综述,提出从产权(Property Rights)、交易成本(Transaction Costs)、激励系统(Incentive System)以及权威授权(Delegation of Authority)四个企业边界理论方向划分文献。表 9-2 按照此方法对有关文献进行了梳理。

表 9-2　企业组织生产选择的研究文献梳理

来源 \ 组织形式	垂直一体化		外包	
	知识产权/激励系统/交易成本	权威授权	随机市场	签订合约
国内	Antras(2005);Antras 和 Helpman(2004);Mclaren(2000);Grossman 和 Helpman(2002, 2004)	Marin 和 Verdier(2002, 2005);Puga 和 Trefler(2002)	Spencer 和 Qiu(2001)	Antras(2005);Antras 和 Helpman(2004);Grossman 和 Helpman(2002, 2004, 2005);Spencer 和 Qiu(2001);Qiu 和 Spencer(2002);Head 等(2004);Feestra 和 Spencer(2005)

续表

组织形式 来源	垂直一体化		外包	
	知识产权/激励系统/交易成本	权威授权	随机市场	签订合约
一体化世界市场	Antras（2003）；Mclaren（2000）	Marin 和 Verdier（2003）	—	Antras（2003）
国外低成本地区	Antras（2005）；Antras 和 Helpman（2004）；Grossman 和 Helpman（2004）；Feestra 和 Hanson（2005）；Feestra 和 Spencer（2005）	—	Spencer 和 Qiu（2001）；Qiu 和 Spencer（2002）；Head 等（2004）；Feestra 和 Spencer（2005）	Antras（2005）；Antras 和 Helpman（2004）；Grossman 和 Helpman（2004，2005）；Feestra 和 Hanson（2005）；Feestra 和 Spencer（2005）

资料来源：Spencer（2005）。

以下我们从几个经典的文献来看看该类文献的分析框架和一般结论。Antras（2003）可以看作是该类文献的一个起点，该文献的起点是试图解释为什么近1/3的世界贸易是公司内贸易（Intra-firm Trade）。论文把企业异质性加入了 Helpman-Krugman 的贸易框架，构建了一个企业边界（Boundaries）的不完全合约知识产权模型，分析企业如何确定生产地。结果显示，美国资本密集的中间投入品进口都是公司内贸易，而劳动密集的产品进口是直接的，也就是说美国会将其资本密集型产品部件的生产以垂直 FDI 的方式在国外进行。论文还用实证检验了模型结论。Antras 和 Helpman（2004）构建了一个南北贸易模型，假定北方国家生产差异化产品，部门最终产品生产企业的生产率水平是不同的，基于不同的生产率，企业会选择是否通过一体化或外包来获取中间投入品。模型结果发现，高生产率企业从南方获取中间品，而低生产率企业从北方获取中间品；在方式上，高生产率企业会选择一体化、而低生产率企业选择外包；在外包的情况下，低生产率企业会选择国内外包，而高生产率企业会选择国际外包。图

9-4 是模型的分析结果,其显示了不同的部门不同的企业的生产组织选择。

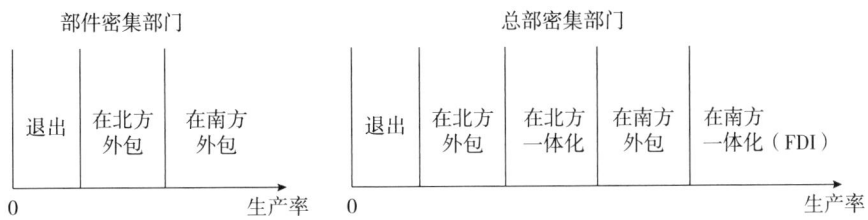

图 9-4 异质性企业全球组织生产选择

资料来源:Antras 和 Helpman(2004)。

Grossman 和 Helpman(2005)建立了一个一般均衡的外包和贸易模型,假定外包是一个不完全合约下寻找合作伙伴的具体投资活动,分析国内外市场中间品的供给、每个市场的相对搜寻成本、一国合约制定和保护的环境等对于外包选择的影响。模型得到的结论是:南方国家的发展以及产业内贸易的推进能够促进外包业的发展,而投资技术的改进却对于外包不会产生什么影响,除非南方国家的技术改进速度比北方国家更快;同时,南方国家法律环境的改善对于外包的促进结果不明确,但会增加来自北方的外包。

Grossman 等(2006)研究了跨国公司的生产组织策略,把企业生产率差异的异质性引入模型,分析国外垂直 FDI 的固定成本、运输成本以及国外市场的需求等因素对于跨国企业一体化策略选择的影响。得到的结论显示,当中间品和最终品的贸易成本很低时,进入海外市场投资的固定成本决定了企业的选择,那些生产率高的企业会选择外包以降低可变成本,而生产率低的企业会选择一体化来降低固定成本,所以生产会集中到低成本的国家;当贸易的成本很高时,那些起初在本国生产投入品的企业也会开始在国外投资生产;而当贸易成本极高时,一些企业会在南方国家生产初级产品而在靠近北方市场的国家组装最终产品。图 9-5 和图 9-6 是模型分析的结果,横轴表示企业生产率,纵轴表示海外投资的进入成本,各个部分第一个字母表示中间产品生产地,第二个字母表示最终产品生产地。Antras 和 Helpman（2007）在 Antras 和 Helpman（2004）的基础上，从合约摩擦角度分析其对于企业全球生产网络选择的作用和影响。

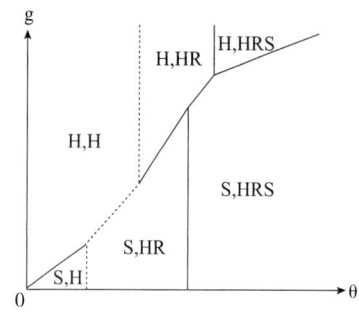

图 9-5　高运输成本情形下选择

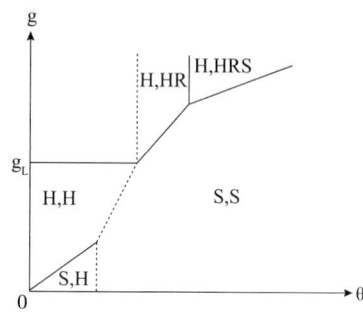

图 9-6　中等运输成本情形下选择

注：H 表示北方发达国家，S 表示南方发展中国家，每个区域划分中逗号前的字母表示母公司所在区域，逗号后字母表示分公司所在区域，具体含义参见文献。

资料来源：Grossman 等（2006）。

在该领域做出重要工作的还有 Marin 和 Verdier，他们的贡献几乎与 Antras 并列。相关文献包括：Marin 和 Verdier（2006）根据美国和欧洲的企业显示分析了国际竞争的加强对于企业外包和一体化选择的影响；Marin 和 Verdier（2007a）建立模型分析了 FDI 进入成本、贸易成本、信息技术、本地市场竞争程度以及本地市场的规模对于企业生产组织选择的影响；Marin 和 Verdier（2007b）解析了企业的生产组织选择对于其竞争力和国际市场竞争程度的作用；Marin 和 Verdier（2008）研究了国际规模对于企业生产组织选择的影响；以及 Marin 和 Verdier（2002，2003，2005）等。

总之，关于异质性企业全球组织生产抉择的文献也相当丰富，尤其是前期研究已经较为完善，但引入企业异质性之后形成的新—新贸易理论视角的研究为最新的跨国企业行为和生产组织提供了一个全新的和更富说服力的框架。事实上，由于企业全球组织生产的行为涉及的选择较多，其研究也更为复杂，现有的文献并没有能够形成一个统一的模型来解释企业的所有抉择，这将是未来研究的方向，同时对于企业边界和异质性的参数假定都还不完善，需要进一步的扩展和扩充完整。

第五节　未来研究方向

新—新贸易理论目前还处于发展的初期，无论是理论还是实证方面都还不够成熟和完善。主要表现在：第一，理论的框架需要进一步完善，目前的模型建立在较多假设的基础上，对于很多现实的复杂情况并没有考虑，同时一些假设与现实也存在不符；第二，理论对于很多现实问题的解释力度还不够，新—新贸易理论较多强调企业的差异对于其贸易和投资行为的影响，但在企业差异上选择的变量较少，仅仅从单方面的差别来进行分析，说服力和可信度不高；第三，理论的模型是否符合实际，还需要实证的进一步检验，由于企业数据的获取较为困难，当前的实证检验涉及面不广，还需要进一步的证据来证明理论的结果。

所以，新—新贸易理论的未来研究发展方向大致表现在以下几个方面：其一，理论框架和模型会不断扩展和完善，能够分析和解释更多的贸易和投资问题及现象。模型的扩展上，假设条件将更多地符合与贴近现实，且整个模型将被用于解释更多的企业贸易与投资行为。其二，模型中企业异质性的表示形式会不断扩展和多样化，不会仅仅局限于生产率的差异，因为单个的因素是不可能决定所有现象的，同时生产率也不可能决定了一切企业的贸易投资行为。从目前的理论发展现实看，异质性的表现形式已经有所扩展，包括有产品品质以及行业特征等。其三，从实证来说，会随着理论的发展而不断发展和推进，同时也会促进理论模型的不断完善。目前新—新贸易理论的模型还需要更多的实证支持，同时理论扩展也需要从实证中得到启示。其四，不同的贸易理论也有相互融合的迹象。随着更多贸易理论的出现，各种理论之间的关系将会不断影响和交叉，相互促进，出现融合的趋势。

总之，理论的出现是用以解释现实并指导现实，所以新—新贸易理论的未来研究方向，总体上必定是更加完善、更能解释现实且更加具有指导价值。

参考文献

安虎森,皮亚彬,薄文广.市场规模、贸易成本与出口企业生产率"悖论"[J].财经研究,2013(5):41-50.

戴觅,余淼杰,Madhura Maitra.中国出口企业生产率之谜:加工贸易的作用[J].经济学季刊,2014(1):675-698.

戴翔.中国企业"走出去"的生产率悖论及其解释——基于行业面板数据的实证分析[J].南开经济研究,2013(2):44-59.

范剑勇,冯猛.中国制造业出口企业生产率悖论之谜:基于出口密度差别上的检验[J].管理世界,2013(8):16-29.

李春顶.中国出口企业是否存在"生产率悖论":基于中国制造业企业数据的检验[J].世界经济,2010(7):64-81.

李春顶,石晓军,邢春冰."出口—生产率悖论":对中国经验的进一步考察[J].经济学动态,2010(8):90-95.

李春顶,尹翔硕.我国出口企业的"生产率悖论"及其解释[J].财贸经济,2009(11):84-90.

李建萍,张乃丽.比较优势、异质性企业与出口"生产率悖论"——基于对中国制造业上市企业的分析[J].国际贸易问题,2014(6):3-13.

梁会君,史长宽.中国制造业出口"生产率悖论"的行业分异性研究[J].山西财经大学学报,2014(7):59-69.

马述忠,郑博文.中国企业出口行为与生产率关系的历史回溯:2001—2007[J].浙江大学学报(人文社会科学版),2010(5):144-153.

聂文星,朱丽霞.企业生产率对出口贸易的影响——演化视角下"生产率悖论"分析[J].国际贸易问题,2013(12):24-35.

钱学锋,王菊蓉,黄云湖,王胜.出口与中国工业企业的生产率——

自我选择效应还是出口学习效应[J].数量经济技术经济研究,2011(2):37-51.

唐宜红,林发勤.异质性企业贸易模型对中国企业出口的适用性检验[J].南开经济研究,2009(6):88-89.

盛丹.地区行政垄断与我国企业出口的"生产率悖论"[J].产业经济研究,2013(4):70-80.

邱斌,刘修岩,赵伟.出口学习抑或自选择:基于中国制造业微观企业的倍差匹配检验[J].世界经济,2012(4):23-40.

孙少勤,邱斌,唐保庆,赵伟.加工贸易存在"生产率悖论"吗?——一个经验分析与理论解释[J].世界经济与政治论坛,2014(2):75-91.

汤二子,李影,张海英.异质性企业、出口与"生产率悖论"——基于2007年中国制造业企业层面的证据[J].南开经济研究,2011(3):79-96.

汤二子,刘海洋.中国出口企业"生产率悖论"存在性检验——来自2005~2008年中国制造业企业的证据[J].国际经贸探索,2011(11):39-47.

汤二子,刘海洋.中国出口企业的"生产率悖论"与"生产率陷阱"——基于2008年中国制造业企业数据实证分析[J].国际贸易问题,2011(9):34-47.

汤二子,孙振.异质性生产率、产品质量与中国出口企业的"生产率悖论"[J].世界经济研究,2012(11):10-15.

徐蕾,尹翔硕.贸易成本视角的中国出口企业"生产率悖论"解释[J].国际商务:对外经济贸易大学学报,2012(3):13-26.

易靖韬.企业异质性、市场进入成本、技术溢出效应与出口参与决定[J].经济研究,2009(9):106-115.

易靖韬,傅佳莎.企业生产率与出口:浙江省企业层面的证据[J].世界经济,2011(5):74-92.

于春海,张胜满.市场进入成本与我国出口企业生产率之谜[J].中国人民大学学报,2013(2):53-61.

张杰,李勇,刘志彪.出口促进中国企业生产率提高吗?——来自中国本土制造业企业的经验证据:1999~2003[J].管理世界,2009(12):11-26.

赵伟，赵金亮.生产率决定中国企业出口倾向吗——企业所有制异质性视角的分析[J].财贸经济，2011（5）：100-105.

赵伟，赵金亮，韩媛媛.异质性、沉没成本与中国本土企业出口决定：来自中国微观企业的经验证据[J].世界经济，2011（4）：62-79.

周世民，沈琪.中国出口企业的"生产率之谜"：理论解释[J].宏观经济研究，2013（7）：26-31.

Abraham, K.G., S.K. Taylor. Firms' Use of outside Contractors: Theory and Evidence [J]. Journal of Labor Economics, 1996, 14（3）: 394-424.

Adao, R., A. Costinot, D. Donaldson. Nonparametric Counterfactual Predictions in Neoclassical Models of International Trade [J]. American Economic Review, 2017, 107（3）: 633-689.

Ahsan. R.N., A. Chatterjee. Trade Liberalization and Intergenerational Occupational Mobility in Urban India [J]. Journal of International Economics, 2017, 109: 138-152.

Aichele, R., Felbermayr, G. Kyoto and Carbon Leakage: An Empirical Analysis of the Carbon Content of Bilateral Trade [J]. The Review of Economics and Statistics, 2015, 97（1）: 104-115.

Aichele, Rahel, Inga Heiland. Where Is the Value Added? Trade Liberalization and Production Networks [J]. Journal of International Economics, 2018, 115: 130-44.

Albornoz, F., H.F.C. Pardo, G. Corcos, E. Ornelas. Sequential Exporting [J]. Journal of International Economics, 2012, 88: 17-31.

Alcala, F. Specialization across Goods and Export Quality [J]. Journal of International Economics, 2016, 98: 216-232.

Alessandria, G., H. Choi. Do Falling Iceberg Costs Explain Recent U.S. Export Growth [J]. Journal of International Economics, 2014, 94: 311-325.

Alessandria, G., H. Choi. Establishment Heterogeneity, Exporter Dynamics, and the Effects of Trade Liberalization [J]. Journal of International Economics, 2014, 94: 207-223.

Alessandria, G., J. Kaboski, V. Midrigan. Trade Wedges, Inventories, and International Business Cycles [J]. NBER Working Paper, 2012: w18191.

Alfaro, L., X.Y. Chen. The Global Agglomeration of Multinational Firms [J]. Journal of International Economics, 2014 (94): 263-276.

Alfaro, L., P. Conconi, H. Fadinger. Do Prices Determine Vertical Integration [J]. Review of Economic Studies, 2016 (83): 855-888.

Allain, M.L., C. Chambolle. Vertical Integration as a Source of Hold-up [J]. Review of Economic Studies, 2016 (83): 1-25.

Allen, T., C. Arkolakis. Trade and the Topography of the Spatial Economy [J]. The Quarterly Journal of Economics, 2014, 129 (3): 1085-1139.

Alvarez, F., F. Lippi. Price Setting with Menu Cost for Multiproduct Firms [J]. Econometrica, 2014, 82 (1): 89-135.

Amiti, M., D. R. Davis. Trade, Firms, and Wages: Theory and Evidence [J]. Review of Economic Studies, 2012, 79 (1): 1-36.

Amiti, M., L. Cameron. Trade Liberalization and the Wage Skill Premium: Evidence from Indonesia [J]. Journal of International Economics, 2012, 87: 277-287.

Amiti, M., O. Itskhoki, A.J. Konings. Importers, Exporters, and Exchange Rate Disconnect [J]. American Economic Review, 2014, 104 (7): 1942-1978.

Anderson, J.E., Y.V. Yotov. Terms of Trade and Global Efficiency Effects of Free Trade Agreements, 1990-2002 [J]. Journal of International Economics, 2016 (99): 279-298.

Anderson, J.E., C.A. Milot, T.V. Yotov. How Much Does Geography Deflect Services Trade [J]. International Economic Review, 2014, 55 (3): 791-818.

Anderson, J.E., M. Vesselovsky, Y.V. Yotov. Gravity with Scale Effects [J]. Journal of International Economics, 2016 (100) 174-193.

Andrew, B.B., Jensen, J.B. Exceptional Exporter Performance: Cause, Effect, or Both? [J]. Journal of International Economics, 1999 (47): 1-25.

Antràs, Pol, Davin Chor. Organizing the Global Value Chain [Z]. NBER Working Paper, 2012: 18163.

Antras, P., D. Chori. Organizing the Global Value Chain [J]. Econometrica, 2013, 81(6): 2127-2204.

Antras, P., Firms, Contracts, and Trade Structure [J]. The Quarterly Journal of Economics, 2003(11) 1375-1418.

Antras, P., E. Helpman. Global Sourcing [J]. Journal of Political Economy, 2004(6): 552-580.

Antras, P., E. Helpman. Contractual Frictions and Global Sourcing [J]. Working Paper.

Antras, P., A.D. Gortari, O. Itskhoki. Globalization, Inequality and Welfare [J]. Journal of International Economics, 2017(108): 387-412.

Antras, P., T.C. Fort, F. Tintelnot. The Margins of Global Sourcing: Theory and Evidence from US Firms [J]. American Economic Review, 2017, 107(9): 2514-2564.

Antràs, Pol, DavinChor, ThibaultFally, Russell Hillberry. Measuring the Upstreamness of Production and Trade Flows [J]. American Economic Review, 2012, 102(3): 412-416.

Antweiler, W. "Cross-border Trade in Electricity [J]. Journal of International Economics, 2016(101): 42-51.

Arezki, R., T. Fetzer, F. Pisch. On the Comparative Advantage of U.S. Manufacturing: Evidence from the Shale Gas Revolution [J].Journal of International Economics, 2017(107): 34-59.

Arkolakis, C., N. Ramondo, A.R. Clare, S.Yeaple. Innovation and Production in the Global Economy [Z].NBER Working Paper, 2013: 18972.

Arkolakis, C. A Unified Theory of Firm Selection and Growth [J]. The Quarterly Journal of Economics, 2016: 89-155.

Arkolakis, Costas, Arnaud Costinot, Andrés Rodríguez-Clare. New Trade Models, Same Old Gains? [J]. American Economic Review, 2012, 102(1): 94-130.

Arkolakis, Costas, Natalia Ramondo, Andrés Rodríguez-Clare, Stephen Yeaple. Innovation and Production in the Global Economy [J]. American Economic

Review, 2018, 108（8）：2128-73.

Arndt, C., C. M. Buch , A. Mattes. Disentangling Barriers to Internationalization［J］. Canadian Journal of Economics, 2012, 45（1）：41-63.

Arnold, J.M., Hussinger, K. Export Behavior and Firm Productivity in German Manufacturing：A Frim-level Analysis［J］. Review of World Economics, 2005a, 141（2）：219-243.

Arnold, J.M., Hussinger, K. Export versus FDI in German Manufacturing：Firm Performance and Participation in International Markets［Z］.Center for European Economic Research Discussion Paper, 2005b：5-73.

Artuc, E., McLaren, J. Trade Policy and Wage Inequality：A Structural Analysis with Occupational and Sectoral Mobility［J］. Journal of International Economics, 2015（97）：278-294.

Artuc, E., J. McLaren.Trade Policy and Wage Inequality：A Structural Analysis with Occupational and Sectorial Mobility［Z］. NBER Working Paper, 2012：w18503.

Atalay, E. , C. Syverson. Vertical Integration and Input Flows［J］. American Economic Review, 2014, 104（4）：1120-1148.

Atkin, D. Trade, Tastes, and Nutrition in India［J］. American Economic Review, 2013, 103（5）：1629-1663.

Atkin, D. Endogenous Skill Acquisition and Export Manufacturing in Mexico［J］. American Economic Review, 2016, 106（8）：2046-2085.

Atkin, D., A.K. Khandelwal, A. Osman. Exporting and Firm Performance：Evidence from A Randomized Experiment［J］.Quarterly Journal of Economics, 2017, 132（2）：551-615.

Atkin, D.A., Chaudhry, A., Chaudry, S., Khandelwal, A.K. Markup and Cost Dispersion across Firms：Direct Evidence from Producer Surveys in Pakistan［J］.American Economic Review：Papers & Proceedings, 2015, 105（5）：537-544.

Autor, D.H. , D. Dorn , G. H. Hanson. "The China Syndrome：Local Labor Market Effects of Import Competition in the United States［J］.American Economic Review, 2013a, 103（6）：2121-68.

Autor, D.H., D. Dorn, G. H. Hanson. The Geography of Trade and Technology Shocks in the United States [Z]. NBER Working Paper, 2013b: 18940.

Autor, D.H., D. Dorn, G. H. Hanson. Untangling Trade and Technology: Evidence from Local Labor Markets, NBER Working Paper, 2013c: 18938.

Aw, B.Y. and Hwang, A.R. Productivity and the Export Market: A Firm-Level Analysis [J]. Journal of Development Economics, 1995 (47): 313-332.

Aw, B.Y., Roberts, M.J., Winston, T. Export Market Participation, Investments in R&D and Worker Training, and the Evolution of Firm Productivity [J]. The World Economy, 2007, 30 (1): 83-104.

Aw, B.Y., Y. Lee. A Model of Demand, Productivity and Foreign Location Decision among Taiwanese Firms [J]. Journal of International Economics, 2014 (92): 304-316.

Aw, B.Y., S. Chung, M.J. Roberts. Productivity and Turnover in the Export Market: Micro Evidence from Taiwan and South Korea [J]. World Bank Economic Review, 1999, 14 (1): 65-90.

Aw, B.Y., Chung, S., Roberts, M.J. Productivity and Turnover in the Export Market: Micro-level Evidence from the Republic of Korea and Taiwan (China) [J]. The World Bank Economic Review, 2000 (14): 65-90.

Aw, B.Y., Roberts, M.J., Xu, D.Y. R&D Investments, Exporting, and the Evolution of Firm Productivity [J]. American Economics Review: Papers & Proceedings, 2008, 98 (2): 451-456.

Bagwell, Kyle, Robert W. Staiger. The Economics of Trade Agreements in the Linear Cournot Delocation model [J]. Journal of International Economics, 2012, 88 (1): 32-46.

Bai, X., K. Krishna, H. Ma. How You Export Matters: Export Mode, Learning and Productivity in China [J]. Journal of International Economics, 2017 (104): 122-137.

Baier, S.L., J.H. Bergstrand, M. Feng. Economic Integration Agreements and the Margins of International Trade [J]. Journal of International Economics,

2014 (93): 339-350.

Baldwin, B. Forslid, R. Trade Liberalization with Heterogeneous Firms [Z]. CEPR Discussion Paper Series, 2004: No.4635.

Baldwin, J.R., Gu, W. Export-market Participation and Productivity Performance in Canadian Manufacturing [J].Canadian Journal of Economics, 2003, 36 (3): 637-657.

Baldwin, R., J.L. Gonzalez. Supply-Chain Trade: A Portrait of Global Patterns and Several Testable Hypotheses [Z]. NBER Working Paper, 2013: 18957.

Baldwin, R., A. J. Venables. Spiders and Snakes: Offshoring and Agglomeration in the Global Economy [J]. Journal of International Economics, 2013 (90): 245-254.

Baldwin, R., F.R. Nicoud. Trade-in-goods and trade-in-tasks: An integrating framework [J]. Journal of International Economics, 2014 (92): 51-62.

Baldwin, R.E. Heterogeneous Firms and Trade: Testable and Untestable Properties of the Melitz Model [Z]. NBER Working Paper, 2005: 11471.

Baldwin, R.E. Heterogeneous Firms and Trade: Testable and Untestable Properties of the Melitz Model [Z]. CEPR Working Paper, 2005.

Baldwin, R.E., F.R. Nicoud. The Impact of Trade on Intra-industry Reallocations and Aggregate Industry Productivity: A Comment [Z].Working Paper, 2004.

Baldwin, R.E., F.R. Nicoud. Trade and Growth with Heterogeneous Firms [Z].CEPR Discussion Paper Series, 2005: 4965.

Baldwin, R.E., J. Harrigan. Zeros, Quality and Space: Trade Theory and Trade Evidence [Z]. Working paper, 2007.

Baldwin, R.E., Nicoud, F.R. The Impact of Trade On Intra-industry Reallocations and Aggregate Industry Productivity: A Comment [Z]. NBER Working Paper, 2004: w10718.

Baldwin, R.E., Okubo, T. Agglomeration and the Heterogeneous Firms Trade Model [Z]. Working Paper, 2005.

Baldwin, R.E., Okubo, T. Agglomeration, Offshoring and Heterogeneous Firms [Z]. CEPR Discussion Paper, 2006: 5663.

Baldwin, R.E., R. Forslid. Trade Liberalization with Heterogeneous Firms [Z]. CEPR Discussing Paper, 2004: 4635.

Baldwin, R.E., T. Okubo, Heterogeneous Firms, Agglomeration and Economic Geography: Spatial Selection and Sorting [J]. Journal of Economic Geography, 2006(6): 323-346.

Baldwin, R.E., T. Okubo. Agglomeration and the Heterogeneous Firms Trade Model [Z]. Working Paper, 2005.

Baldwin, R.E., T. Okubo. Agglomeration, Offshoring and Heterogeneous Firms [Z]. CEPR Discussion Paper, 2006a: 5663.

Baldwin, Richard, Dany Jaimovich. Are Free Trade Agreements Contagious? [J]. Journal of International Economics, 2012, 88(1): 1-16.

Barattieri, A. Comparative Advantage, Service Trade, and Global Imbalances [J]. Journal of International Economics, 2014(92): 1-13.

Bas, M., T. Mayer, M. Thoenig. From Micro to Macro: Demand, Supply, and Heterogeneity in the Trade Elasticity [J]. Journal of International Economics, 2017(108): 1-19.

Basco, S., M. Mestieri. Heterogeneous Trade Costs and Wage Inequality: A Model of Two Globalizations [J]. Journal of International Economics, 2013(89): 393-406.

Bastos, Paulo, Joana Silva, Eric Verhoogen. Export Destinations and Input Prices [J]. American Economic Review, 2018, 108(2): 353-92.

Baumgarten, D. Exporters and the Rise in Wage Inequality: Evidence from German linked Employer-employee Data [J]. Journal of International Economics, 2013(90): 201-217.

Bayramoglu, Basak, Brian R. Copeland, Jean-Francois Jacques. Trade and Fisheries Subsidies [J]. Journal of International Economics, 2018(112): 13-32.

Becker, S.O., K. Ekholm, Marc-Andreas, Muendler. Offshoring and the Onshore Composition of Tasks and Skills [J]. Journal of International Economics,

2013（90）：91-106.

Behar, A. , B.D. Nelson. Trade Flows, Multilateral Resistance, and Firm Heterogeneity［J］. The Review of Economics and Statistics, 2014, 96（3）: 538-549.

Behrens, K., G. Corcos , G. Mion. Trade Crisis？ What Trade Crisis？ ［J］. The Review of Economics and Statistics, 2013, 95（2）: 702-709.

Behrens, K., G. Mion, Y. Murata , J.S. Dekum. Trade, Wages and Productivity［J］. International Economic Review, 2014, 5（4）: 1305-1438.

Behrens, Kristian, W. Mark Brown, Théophile Bougna. The World Is Not Yet Flat : Transport Costs Matter！ ［J］. The Review of Economics and Statistics, 2018, 100（4）: 712-24.

Bekes, G. , B. Murakozy. Temporary Trade and Heterogeneous Firms［J］. Journal of International Economics, 2012,（87）: 232-246.

Bems, R. Intermediate inputs, External Rebalancing and Relative Price Adjustment［J］. Journal of International Economics, 2014（94）: 248-262.

Bergin, P.R. , C.Y. Lin. The Dynamic Effects of a Currency Union on Trade［J］. Journal of International Economics, 2012（87）: 191-204.

Bergstrand, J.H. , Egger, P. What Determines BITs［J］. Journal of International Economics, 2013（90）: 107-122.

Bergstrand, J.H. , P. Egger , M. Larch. Gravity Redux : Estimation of Gravity-equation Coefficients, Elasticities of Substitution and General Equilibrium Comparative Statics under Asymmetric Bilateral Trade Costs［J］. Journal of International Economics, 2013（89）: 110-121.

Bergstrand, J.H. , P. Egger. What Determines BITs？ ［J］. Journal of International Economics, 2013（90）: 107-122.

Berman, N., Berthou, A. , Hericourt, J. Export Dynamics and Sales at Home［J］. Journal of International Economics, 2015（96）: 298-310.

Berman, N., P. Martin , T. Mayer. How do Different Exporters React to Exchange Rate Change？ ［J］. The Quarterly Journal of Economics, 2012, 127（1）: 437-492.

Bernard, A.B., Fort, T.C. Factorless Goods Producing Firms. [J]. American Economic Review, 2015, 105（5）: 518-523.

Bernard, A.B., J. Wagner. Export Entry and Exit by German Firms [Z]. NBER Working Paper, 1998: w6538.

Bernard, A.B., J.B. Jensen. Exporters, Jobs and Wages in U.S. Manufacturing, 1976-1987 [J]. Brookings Papers on Economic Activity, Microeconomics, 1995: 67-119.

Bernard, A.B., J.B. Jensen. Exceptional Exporter Performance: Cause, Effect, or Both [J]. Journal of International Economics, 1999（47）: 1-26.

Bernard, A.B., J.B. Jensen. Why Some Firms Export [Z]. Working Paper, 2001.

Bernard, A.B., J.B. Jensen. Entry, Expansion, and Intensity in the US Export Boom, 1987-1992[J]. Review of International Economics, 2004, 12(4): 662-675.

Bernard, A.B., Jensen, J.B. Exporting and Productivity in the USA [J]. Oxford Review of Economic Policy, 2004, 20（3）: 343-357.

Bernard, A.B., Wagner, J. Exports and Success in German Manufacturing [J]. Weltwirtschaftaliches Archiv, 1997, 133（1）: 134-157.

Bernard, A.B., E.A. Boler, R. Massari, J.D. Reyes, D. Taglioni. Exporter Dynamic and Partial-Year Effects [J]. American Economic Review, 2017, 107（10）: 3211-3228.

Bernard, A.B., J. Eaton, J.B. Jensen, S. Kortum. Plants and Productivity in International Trade [J]. American Economic Review, 2003, 93（4）: 1268-1292.

Bernard, A.B., S.J. Redding, P.K. Schott. Multi-Product Firms and Trade Liberalization [Z]. Working Paper, 2006a.

Bernard, A.B., S.J. Redding, P.K. Schott. Products and Productivity [Z]. Working Paper, 2006b.

Bernard, A.B., S.J. Redding, P.K. Schott. Comparative Advantage and heterogeneous Firms [J]. Review of Economic Studies, 2007（74）: 31-66.

Bernard, A.B., Eaton, J., Jensen, J.B., Kortum, S. Plants and Productivity in

International Trade [J]. American Economic Review, 2003, 93（4）: 1268-1292.

Bernard, Andrew B., Andreas Moxnes, Karen Helene Ulltveit-Moe. Two-Sided Heterogeneity and Trade [J]. The Review of Economics and Statistics, 2018, 100（3）: 424-39.

Beverelli, C., M. Fiorini, B. Hoekman. Services Trade Policy and Manufacturing Productivity: The Role of Institutions [J]. Journal of International Economics, 2017（104）166-182.

Biais, B., P.O. Weill. Equilibrium Pricing and Trading Volume under Preference Uncertainty [J]. Review of Economic Studies, 2014（81）: 1401-1437.

Biesebroeck, J.V., L. Zhang. Interdependent Product Cycles for Globally Sourced Intermediates [J]. Journal of International Economics, 2014（94）: 143-156.

Bigsten, A., Gebreeyesus, M. Firm Productivity and Exports: Evidence from Ethiopian Manufacturing [J]. Journal of Development Studies, 2009, 45（10）: 1594-1614.

Bisztray, Márta, Miklós Koren, Adam Szeidl. Learning to Import from Your Peers [J]. Journal of International Economics, 2018（115）: 242-58.

Blanchard, E.J., W.W. Olney. Globalization and Human Capital Investment: Export Composition Drives Educational Attainment [J]. Journal of International Economics, 2017（106）: 165-183.

Blonigen, B., J. Piger, N. Sly. Comovement in GDP Trends and Cycles Among Trading Partners [Z]. NBER Working Paper, 2012: w18032.

Blonigen, B.A., J. Piger, N. Sly. Comovement in GDP Trends and Cycles among Trading Partners [J]. Journal of International Economics, 2014（94）: 239-247.

Bloom, N., M.Draca. Trade Induced Technical Change? The Impact of Chinese Imports on Innovation, IT and Productivity [J]. Review of Economic Studies, 2016（83）: 87-117.

Blum, B.S., S. Claro, I.J. Horstmann. Occasional and Perennial Exporters

［J］. Journal of International Economics, 2013（90）: 65-74.

Bogmans, C. Can the Terms of Trade Externality Outweigh Free-riding？the Role of Vertical Linkages［J］. Journal of International Economics, 2015（95）: 115-128.

Boler, E.A., Moxnes, A., Moe, K.H.U. R&D, International Sourcing, and the Joint Impact on Firm Performance［J］. American Economic Review, 2015, 105（12）: 3704-3739.

Bøler, Esther Ann, Beata Javorcik, Karen Helene Ulltveit-Moe. Working across Time Zones: Exporters and the Gender Wage Gap［J］. Journal of International Economics, 2018（111）: 122-33.

Bombarda, P., E. Gamberoni. Firm Heterogeneity, Rules of Origin, and Rules of Cumulation［J］. International Economic Review, 2013, 54（1）: 307-328.

Bombardini, M. Firm Heterogeneity and Lobby Participation［Z］. Manuscript, 2004.

Bombardini, M., F. Trebbi. Competition and Political Organization: Together or Alone in Lobbing for Trade Policy［J］. Journal of International Economics, 2012（87）: 18-26.

Bombardini, M., C.J. Kurz, P.M. Morrow. Ricardian Trade and the Impact of Domestic Competition on Export Performance［J］. Canadian Journal of Economics, 2012, 45（2）: 585-612.

Bombardini, M., G. Gallipoli, G. Pupato. Unobservable Skill Dispersion and Comparative Advantage［J］. Journal of International Economics, 2014（92）: 317-329.

Bombardini, M., G. Gallipoli, G. Pupato. Skill Dispersion and Trade Flows［J］. American Economic Review, 2012, 102（5）: 2327-48.

Bonfatti, R. The Sustainability of Empire in a Global Perspective: The Role of International Trade Patterns［J］. Journal of International Economics, 2017（108）: 137-156.

Borga, M., W. Zeile. International Fragmentation of Production and the Intrafirm Trade of U.S. Multinational Companies［Z］. U.S. Department of

Commerce Bureau of Economic Analysis Working Paper, 2004: WP2004-02.

Borota, T. Innovation and Imitation in a Model of North-South Trade [J]. Journal of International Economics, 2012 (87): 365-376.

Bown, C.P., M.A. Crowley. Self-Enforcing Trade Agreements: Evidence from Time-Varying Trade Policy [J]. American Economic Review, 2013 (103): 1071-1090.

Brakman, S., C.V. Marrewijk. Lumpy Countries, Urbanization, and Trade [J]. Journal of International Economics, 2013 (89): 252-261.

Brambilla, I., G.G. Porto. High-income Export Destinations, Quality and Wages [J]. Journal of International Economics, 2016 (89): 21-35.

Brandt, L., P.M. Morrow. Tariffs and the Organization of Trade in China [J]. Journal of International Economics, 2017 (104): 85-103.

Brandt, L., J.V. Biesebroeck, L. Wang, Y. Zhang. WTO Accession and Performance of Chinese Manufacturing Firms [J]. American Economic Review, 2017, 107 (9): 2784-2820.

Branstetter, L.G., W.A. Pizer. Facing the Climate Change Challenge in a Global Economy [Z]. NBER Working Paper, 2012: 18214.

Breinlich, H. Heterogeneous Firm-Level Responses to Trade Liberalization: A Test Using Stock Price Reactions [J]. Journal of International Economics, 2014 (93): 270-285.

Bricongne, J.C., L. Fontagné, G. Gaulier, D. Taglioni, V. Vicard. Firms and the Global Crisis: French Exports in the Turmoil [J]. Journal of International Economics, 2012, 87 (1): 134-146.

Bridgman, B. The Rise of Vertical Specialization Trade [J]. Journal of International Economics, 2012, 86 (1): 133-140.

Broner, F., P. Bustos, V. M. Carvalho. Sources of Comparative Advantage in Polluting Industries [Z]. NBER Working Paper, 2012: 18337.

Broocks, A., J.V. Biesebroeck. The Impact of Export Promotion on Export Market Entry [J]. Journal of International Economics, 2017: 19-33.

Brulhart, M., C. Carrere, F. Trionfetti. How Wages and Employment Adjust to Trade Liberalization: Quasi-Experimental Evidence from Austria [J]. Journal of International Economics, 2012 (86): 68-81.

Buono, I., G. Lalanne. The Effect of the Uruguay Round on the Intensive and Extensive Margins of Trade [J]. Journal of International Economics, 2012 (86): 269-283.

Burstein, A., J. Vogel. International Trade, Technology, and the Skill Premium [J]. Journal of Political Economy, 2017, 125 (5): 1356-1412.

Bustos, P. Rising wage Inequality in the Argentinean Manufacturing Sector: The Impact of Trade and Foreign Investment on Technology and Skill Upgrading [Z]. Working Paper, 2005.

Buzard. K. Self-enforcing Trade Agreements and Lobbying [J]. Journal of International Economics, 2017 (108): 226-242.

Caballero, Julian, Christopher Candelaria, Galina Hale. Bank Linkages and International Trade [J]. Journal of International Economics, 2018 (115): 30-47.

Cacciatore, M. International Trade and Macroeconomic Dynamics with Labor Market Frictions [J]. Journal of International Economics, 2014 (93): 17-30.

Caliendo, L., Parro, F. Estimates of the Trade and Welfare Effects of NAFTA [J]. Review of Economic Studies, 2015 (82): 1-44.

Caliendo, L., E. Rossi-Hansberg. The Impact of Trade on Organization and Productivity [J]. The Quarterly Journal of Economics, 2012, 127 (3): 1393-1467.

Caliendo, L., F. Parro. Estimates of the Trade and Welfare Effects of NAFTA [Z]. NBER Working Paper, 2012: 18508.

Caliendo, Lorenzo, Fernando Parro, Esteban Rossi-Hansberg, Pierre-Daniel Sarte. The Impact of Regional and Sectoral Productivity Changes on the U.S. Economy [J]. The Review of Economic Studies, 2018, 85 (4): 2042-96.

Campolmi, A., H. Fadinger, C. Forlati. Trade Policy: Home Market Effect versus Terms-of-Trade Externality [J]. Journal of International Economics,

2014 (93): 92-107.

Carballo, Jeronimo, Gianmarco I. P. Ottaviano, Christian Volpe Martincus. The Buyer Margins of Firms' Exports [J]. Journal of International Economics, 2018 (112): 33-49.

Carluccio, J., Bas, M. The Impact of Worker Bargaining Power in the Organization of Global Firms [J]. Journal of International Economics, 2015 (96): 162-181.

Carneiro, R.D., Kovak, B.K. Trade Liberalization and the Skill Premium: A Local Labor Markets Approach [J]. American Economic Review, 2015, 105 (5): 551-557.

Carneiro, R.D. Trade Liberalization and Labor Market Dynamics [J]. Econometrica, 2014, 82 (3): 825-885.

Carneiro, R.D., B.K. Kovak. Trade Liberalization and Regional Dynamics [J]. American Economic Review, 2017, 107 (10): 2908-2946.

Caron, J., T. Fally, J.R. Markusen. International Trade Puzzles: A Solution Linking Production and Preference [J]. The Quarterly Journal of Economics, 2014, 129 (3): 1501-1552.

Cassiman, B., Golovko, E., Ros, E.M. Innovation, Exports and productivity [J]. International Journal of Industrial Organization, 2010 (28): 372-376.

Castellani, D. Export Behavior and Productivity Growth: Evidence from Italian Manufacturing Firms [J]. Weltwirtschaftliches Archiv, 2002, 138 (4): 605-628.

Celik, L., B. Karabay, J. Mclaren. Trade Policy-Making in a Model of Legislative Bargaining [J]. Journal of International Economics, 2013 (91): 179-190.

Chakraborty, Pavel, Ohad Raveh. Input-Trade Liberalization and the Demand for Managers: Evidence from India [J]. Journal of International Economics, 2018 (111): 159-76.

Chaney, T., R. Ossa. Market Size, Division of Labor, and Firm Productivity [J]. Journal of International Economics, 2013 (90): 177-180.

Chaney, T. Distorted Gravity: The Intensive and Extensive Margins of International Trade [J]. American Economic Review, 2008, 98 (4): 1707-1721.

Chaney, T. The Network Structure of International Trade [J]. American Economic Review, 2014, 104 (11): 3600-3634.

Chaney, Thomas. The Gravity Equation in International Trade: An Explanation [J]. Journal of Political Economy, 2018, 126 (1): 150-177.

Chang, P.L., F. Huang. Trade and Divergence in Education Systems [J]. International Economic Review, 2014, 55 (4): 1251-1280.

Chao, C., J.P. Laffargue, P.M. Sgro. Tariff and Environmental Policies with Product Standards [J]. Canadian Journal of Economics, 2012, 45 (3): 978-995.

Chatterjee, A. Endogenous Comparative Advantage, Gains from Trade and Symmetry-Breaking [J]. Journal of International Economics, 2017 (109): 102-115.

Chen, B., M. Yu, Z. Yu. Measured Skill Premia and Input Trade Liberalization: Evidence from Chinese Firms [J]. Journal of International Economics, 2017 (109): 31-42.

Chen, N., L. Juvenal. Quality, Trade and Exchange Rate Pass-through [J]. Journal of International Economics, 2016 (106): 61-80.

Cherniwchan, J. Trade Liberalization and the Environment: Evidence from NAFTA and U.S. Manufacturing [J]. Journal of International Economics, 2017 (105): 130-149.

Chisik, R. Trade Disputes, Quality Choice, and Economic Integration [J]. Journal of International Economics, 2012 (88): 47-61.

Cho, D., A.D. Madrid. Trade Intensity and Purchasing Power Parity [J]. Journal of International Economics, 2014 (93): 194-209.

Chor, D., K. Manova. Off the Cliff and Back? Credit Conditions and International Trade During the Global Financial crisis [J]. Journal of International Economics, 2012, 87 (1): 117-133.

Christian, S., J. Suedekum. Global Sourcing of Complex Production Processes [J]. Journal of International Economics, 2014 (93): 123-139.

Cingano, F. , P. Pinotti. Trust, Firm Organization, and the Pattern if Comparative Advantage [J] . Journal of International Economics, 2016 (100): 1-13.

Clerides, S., Lach, S. , Tybout, J.R. Is Learning By Exporting Important ? Micro-Dynamic Evidence From Colombia, Mexico, and Morocco [J] . Quarterly Journal of Economics, 1998, 113 (3): 903-947.

Cole, Matthew T. , Carsten Eckel. Tariffs and Markups in Retailing [J]. Journal of International Economics, 2018 (113): 139-53.

Conconi, P. , C. Perroni. Conditional versus Unconditional Trade Concessions for Developing Countries [J] . Canadian Journal of Economics, 2012, 45 (2): 613-631.

Conconi, P., A. Sapir , M. Zanardi. The Internationalization Process of Firms: From Exports to FDI[J]. Journal of International Economics, 2016(99): 16-30.

Conconi, P., D.R. DeRemer, D.R. DeRemer, G. Kirchsteiger, L. Trimarchi, M. Zanardi. Suspiciously Timed Trade Disputes [J] . Journal of International Economics, 2017 (105): 57-76.

Conconi, P., G. Facchini , M. Zanardi. Policymakers' Horizon and Trade Reforms: The Protectionist Effect of Elections[J] . Journal of International Economics, 2014(94): 102-118.

Conconi, P., P. Legros , A.F. Newman. Trade Liberalization and Organizational Change [J] . Journal of International Economics, 2012, 86 (2): 197-208.

Conconi, Paola, Manuel García-Santana, Laura Puccio, Roberto Venturini. From Final Goods to Inputs: The Protectionist Effect of Rules of Origin. [J] . American Economic Review, 2018, 108 (8): 2335-65.

Condorelli, D., A. Galeotti , L. Renou. Bilateral Trading in Networks [J]. Review of Economic Studies, 2017 (84): 82-105.

Corsetti, G. , P. Martin , P. Pesenti. Varieties and the Transfer Problem [J]. Journal of International Economics, 2013 (89): 1-12.

Coşar, A. Kerem, Banu Demir. Shipping inside the Box: Containerization and Trade [J]. Journal of International Economics, 2018 (114): 331-45.

Coşar, A. Kerem, Paul L. E. Grieco, Shengyu Li, Felix Tintelnot. What Drives Home Market Advantage? [J]. Journal of International Economics, 2018 (110): 135-50.

Costinot, A., A. Rodríguez-Clare. Trade Theory with Numbers: Quantifying the Consequences of Globalization [Z]. NBER Working Paper, 2013: 18896.

Costinot, A., J. VOGEL, S. Wang. An Elementary Theory of Global Supply Chains [J]. Review of Economic Studies, 2013 (80): 109-144.

Costinot, A., D. Donaldson. Ricardo's Theory of Comparative Advantage: Old Idea, New Evidence [Z]. NBER Working Paper, 2012: w17969.

Costinot, A., D. Donaldson, I. Komunjer. What Goods do Countries Trade? A Quantitative Exploration of Ricardo's Ideas [J]. Review of Economic Studies, 2012, 79(2): 581-608.

Costinot, A., Donaldson, D., Vogel, J., Werning, I. Comparative Advantage and Optimal Trade Policy [J]. The Quarterly of Economics, 2015: 659-702.

Costinot, A., J. Vogel, S. Wang. Global Supply Chains and Wage Inequality [Z]. NBER Working Paper, 2012: w17976.

Cozzi, G., G. Impullitti. Globalization and Wage Polarization [J]. The Review of Economics and Statistics, 2016, 98 (5): 984-1000.

Cravino, J., A.A. Levchenko. Multinational Firms and International Business Cycle Transmission [J]. The Quarterly Journal of Economics, 2017: 921-962.

Crino, R., L. Ogliari. Financial Imperfections, Product Quality, and International Trade [J]. Journal of International Economics, 2017 (104): 63-84.

Crowley, Meredith, Ning Meng, Huasheng Song.Tariff Scares: Trade Policy Uncertainty and Foreign Market Entry by Chinese Firms [J]. Journal of International Economics, 2018 (114): 96-115.

Crozet, M., F. Trionfetti. Firm-level Comparative Advantage [J]. Journal of International Economics, 2013 (91): 321-328.

Crozet, M., K. Head, T. Mayer. Quality Sorting and Trade: Firm-level Evidence for French Wine [J]. Review of Economic Studies, 2012, 79 (2): 609-644.

Cruz, Marcio, Maurizio Bussolo, Leonardo Iacovone. Organizing Knowledge to Compete [J]. Journal of International Economics, 2018 (111): 1-20.

Dai, M., Maitra, M. Yu, M. Unexceptional Exporter Performance in China? The Role of Processing Trade [Z]. Peking University CCER Working Paper, 2011.

Damijan, J.P., Polanec, S., Prasnikar, J. Self-selection, Export Market heterogeneity and Productivity Improvements: Firm Level Evidence from Slovenia. [Z]. LICOS Discussion Paper, 2004.

Danziger, E. Skill Acquisition and Dynamics of Trade-Induced Inequality [J]. Journal of International Economics, 2017 (107): 60-74.

Davidson, C., F. Heyman, S. Matusz, F. Sjoholm, S.C. Zhu. Globalization and Imperfect Labor Market Sorting [J]. Journal of International Economics, 2014 (94): 177-194.

Davies, Ronald B., Julien Martin, Mathieu Parenti, Farid Toubal. Knocking on Tax Haven's Door: Multinational Firms and Transfer Pricing [J]. The Review of Economics and Statistics, 2018, 100 (1): 120-34.

Delgado, M.A., Farinas, J.C., Ruano, S. Firm Productivity and Export Markets: A Non-Parametric Approach [J]. Journal of International Economics, 2002, 57: 397-422.

Deltas1, G.K.D., G. Facchini. Hub-and-spoke free trade areas: Theory and evidence from Israel [J]. Canadian Journal of Economics, 2012, 45 (3): 942-977.

Demidova, S., A.R. Clare. The Simple Analysis of the Melitz Model in a Small Economy [J]. Journal of International Economics, 2013 (90): 266-272.

Demidova, S. Trade Policies, Firm Heterogeneity, and Variable Markups [J]. Journal of International Economics, 2017 (108): 260-273.

Demir, Banu, Beata Javorcik. Don't Throw in the Towel, Throw in Trade Credit![J]. Journal of International Economics, 2018 (111): 177-89.

Demmou, L. How Product Innovation in the North May Immiserize the South: A New Look at the Ricardian Model with a Continuum of |Goods [J]. Journal of Development Economics, 2012, 97 (2): 293-304.

Desai, M. A., C.F. Foley, J. R. Hines. Trade Credit and Taxes [J]. The Review of Economics and Statistics, 2016, 98 (1): 132-139.

Dickstein, Michael J., Eduardo Morales. What Do Exporters Know? [J]. The Quarterly Journal of Economics, 2018, 133 (4): 1753-1801.

Diez, F.J. The Asymmetric Effects of Tariffs on Intra-Firm Trade and Offshoring Decisions [J]. Journal of International Economics, 2014 (93): 76-91.

Ding, Haoyuan, Haichao Fan, Shu Lin. Connect to Trade [J]. Journal of International Economics, 2018 (110): 50-62.

Dingel, J.I. The Determinants of Quality Specialization [J]. Review of Economic Studies, 2017 (84): 1551-1582.

Donaldson, Dave. Railroads of the Raj: Estimating the Impact of Transportation Infrastructure[J]. American Economic Review, 2018,108(4-5): 899-934.

Dong, W. The Role of Expenditure Switching in the Global Imbalance Adjustment [J]. Journal of International Economics, 2012, 86 (2): 237-251.

Douglas, S., S. Nishioka. International Differences in Emissions Intensity and Emissions Content of Global Trade. Journal of Development Economics, 2012, 99 (2): 415-427.

Du, Y., J. Ju, C.D. Ramirez, X. Yao. Bilateral Trade and Shocks in Political Relations: Evidence from China and Some of its Major Trading Partners, 1990-2013 [J]. Journal of International Economics, 2017 (108): 211-225.

Duranton, G., P.M. Morrow. Roads and Trade: Evidence from the US [J].

Review of Economic Studies, 2014（81）: 681-724.

Dutt, P., I. Mihov, T.V. Zandt. The Effect of WTO on the Extensive and the Intensive Margins of Trade[J]. Journal of International Economics, 2013(91): 204-219.

Duval, R., N. Li, R. Saraf, D. Seneviratne. Value-added Trade and Business Cycle Synchronization［J］. Journal of International Economics, 2016（99）: 251-262.

Eaton, J., S. Kortum, F. Kramarz. An Anatomy of International Trade: Evidence from French Firms［Z］. Working Paper, 2008.

Eaton, J., S. Kortum, S. Sotelo. International Trade: Linking Micro and Macro［Z］. NBER Working Paper, 2012: w17864.

Eaton, J., S. Kortum, B. Neiman, J. Romalis. Trade and the Global Recession［J］. American Economic Review, 2016, 106（11）: 3401-3438.

Ebenstein, A., A. Harrison, M. McMillan, S. Phillips. Estimating the Impact of Trade and Offshoring on American Workers Using the Current Population Surveys[J]. The Review of Economics and Statistics, 2014, 96(4): 581-595.

Egger, H., Kreickemeier, U. Fairness, trade, and inequality［J］. Journal of International Economics, 2012,（86）: 184-196.

Egger, H., U. Kreickemeier. Fairness, Trade, and Inequality［J］. Journal of International Economics, 2012（86）: 184-196.

Eisenlohr, T.S. Towards a Theory of Trade Finance［J］. Journal of International Economics, 2013（91）: 96-112.

Emlinger, Charlotte, Sandra Poncet. With a Little Help from My Friends: Multinational Retailers and China's Consumer Market Penetration［J］. Journal of International Economics, 2018（112）: 1-12.

Epifani, P., G. Gancia. Global Imbalances Revisited: The Transfer Problem and Transport Costs in Monopolistic Competition［J］. Journal of International Economics, 2017（108）: 99-116.

Erbahar, A., Y. Zi. Cascading Trade Protection: Evidence from the US[J]. Journal of International Economic, 2017（108）: 274-299.

Etkes, H. , Zimring, A. When Trade Stops: Lessons from the Gaze Blockade 2007-2010 [J]. Journal of International Economics, 2015 (95): 16-27.

Evans, M.D.D. External Balances, Trade and Financial Conditions [J]. Journal of International Economics, 2017 (107): 165-184.

Faber, B. Trade Integration, Market Size, and Industrialization: Evidence from China's National Trunk Highway System [J]. Review of Economic Studies, 2014 (81): 1046-1070.

Fabling, R. , L. Sanderson. Exporting and Firm Performance: Market Entry, Investment and Expansion [J]. Journal of International Economics, 2013 (89): 422-431.

Facchini, G.P.S. , G. Willmann. The Customs Union Issue: Why Do We Observe So Few of Them [J]. Journal of International Economics, 2013 (90): 136-147.

Fajgelbaum, P.D. , A.K. Khandelwal. Measuring the Unequal Gains from Trade [J]. The Quarterly Journal of Economics, 2016: 1113-1180.

Fally, Thibault, Russell Hillberry. A Coasian Model of International Production Chains [J]. Journal of International Economics, 2018 (114): 299-315.

Fan, H., Li, Y.A. , Yeaple, S.R. Trade Liberalization, Quality, and Export Prices [J]. The Review of Economics and Statistics, 2015, 97 (5): 1033-1051.

Fan, Haichao, Yao Amber Li, Stephen R. Yeaple. On the Relationship between Quality and Productivity: Evidence from China's Accession to the WTO [J]. Journal of International Economics, 2018 (110): 28-49.

Fan, Jingting, Lixin Tang, Weiming Zhu, Ben Zou. The Alibaba Effect: Spatial Consumption Inequality and the Welfare Gains from e-Commerce [J]. Journal of International Economics, 2018 (114): 203-20.

Fasil, C., B. , T. Borota. World Trade Patterns and Prices: The Role of Productivity and Equality Heterogeneity [J]. Journal of International Economics, 2013 (91): 68-81.

Fatum, Rasmus, Runjuan Liu, Jiadong Tong, Jiayun Xu. Beggar Thy Neighbor or Beggar Thy Domestic Firms？Evidence from 2000 to 2011 Chinese Customs Data［J］. Journal of International Economics, 2018（115）: 16-29.

Feenstra, R., J. Romalis. International Prices and Endogenous Quality［Z］. NBER Working Paper, 2012: w18314.

Feenstra, R.C. Integration of Trade and Disintegration of Production in the Global Economy［J］. The Journal of Economic Perspectives, 1998, 12（4）: 31-50.

Feenstra, R.C., D.E. Weinstein. Globalization, Markups, and US Welfare［J］. Journal of Political Economy, 2017, 125（4）: 1040-1074.

Feenstra, R.C., J. Romalis. International Prices and Endogenous Quality［J］. Quarterly Journal of Economics, 2014, 129（2）: 477-527.

Feenstra, R.C., C. Hong, H. Ma, B.J. Spencer. Contractual Versus Non-Contractual Trade: The Role of Institutions in China［Z］. NBER Working Paper, 2012: 17728.

Feenstra, R.C., Z. Li, M. Yu. Exports and Credit Constraints under Incomplete Information: Theory and Evidence from China［J］. The Review of Economics and Statistics, 2014, 96（4）: 729-744.

Feenstra, Robert C. Restoring the Product Variety and Pro-Competitive Gains from Trade with Heterogeneous Firms and Bounded Productivity［J］. Journal of International Economics, 2018（110）: 16-27.

Feenstra, Robert C., Philip Luck, Maurice Obstfeld, Katheryn N. Russ. In Search of the Armington Elasticity［J］. The Review of Economics and Statistics, 2018, 100（1）: 135-50.

Felbermayr, G., B. Jung, M. Larch. Optimal Tariffs, Retaliation, and the Welfare Loss from Tariff Wars in the Melitz Model［J］. Journal of International Economics, 2013（89）: 13-25.

Feng, L., Z. Li, D.L. Swenson. The Connection between Imported Intermediate Inputs and Exports: Evidence from Chinese Firms［J］. Journal of International Economics, 2016（101）: 86-101.

Feng, L., Z. Li, D.L. Swenson. Trade Policy Uncertainty and Exports: Evidence from China's WTO Accession [J]. Journal of International Economics, 2017 (106): 20-36.

Fenicelli, A., P. Pagano, M. Sbracia. Ricardian Selection. Journal of International Economics, 2013 (89): 96-109.

Fernandes, A.P., H. Tang. Determinants of Vertical Integration in Export Processing: Theory and Evidence from China [J]. Journal of Development Economics, 2012, 99 (2): 396-414.

Fernandes, A.P., H. Tang. Learning to Export from Neighbors [J]. Journal of International Economics, 2014 (94): 67-84.

Ferrantino, M.J., X. Liu, Z. Wang. Evasion Behaviors of Exporters and Importers: Evidence from the U.S.-China Trade Data Discrepancy [J]. Journal of International Economics, 2012, 86 (1): 141-157.

Fieler, Ana Cecília, Marcela Eslava, Daniel Yi Xu. Trade, Quality Upgrading, and Input Linkages: Theory and Evidence from Colombia [J]. American Economic Review, 2018, 108 (1): 109-46.

Fillat, J.L., Garetto, S. Risks, Returns, and Multinational Production [J]. Quarterly Journal of Economics, 2015: 2027-2073.

Fitzgerald, Doireann, Stefanie Haller. Exporters and Shocks [J]. Journal of International Economics, 2018 (113): 154-71.

Foellmi, Reto, Christian Hepenstrick, Josef Zweimüller. International Arbitrage and the Extensive Margin of Trade between Rich and Poor Countries [J]. The Review of Economic Studies, 2018, 85 (1): 475-510.

Foellmi, Reto, Sandra Hanslin Grossmann, Andreas Kohler. A Dynamic North-South Model of Demand-Induced Product Cycles [J]. Journal of International Economics, 2018 (110): 63-86.

Fontagné, Lionel, Philippe Martin, Gianluca Orefice. The International Elasticity Puzzle Is Worse than You Think [J]. Journal of International Economics, 2018 (115): 115-29.

French, S. The Composition of Trade Flows and the Aggregate Effects of

Trade Barriers [J]. Journal of International Economics, 2016 (98): 114-137.

French, S. Revealed Comparative Advantage: What is it good for [J]. Journal of International Economics, 2017 (106): 83-103.

Freund, C., Pierola, M.D. Export Superstars [J]. The Review of Economics and Statistics, 2015, 97 (5): 1023-1032.

Galiani, S., Torrens, G. Autocracy, Democracy and Trade Policy [J]. Journal of International Economics, 2014 (93): 173-193.

Galiani, S., G. Torrens. Autocracy, Democracy and Trade Policy [J]. Journal of International Economics, 2014 (93): 173-193.

Gan, L., M.A. Hernandez, S. Ma. The High Costs of Doing Business in China: Minimum Wages and Firms' Export Behavior [J]. Journal of International Economics, 2016 (100): 81-94.

Gao, Y., Yin, X. Trade Media, Processing Trade, and Unsolved Export Puzzle: Theory and Empirical Analysis [J]. Working Paper, 2014.

Garetto, S. Firms' Heterogeneity, Incomplete Information, and Pass-through [J]. Journal of International Economics, 2016 (101): 168-179.

Garred, Jason. The Persistence of Trade Policy in China after WTO Accession [J]. Journal of International Economics, 2018 (114): 130-42.

Gawande, K., P. Krishna, M. Olarreaga. Lobbying Competition Over Trade Policy [J]. International Economic Review, 2012, 53 (1): 115-132.

Gervais, Antoine. Uncertainty, Risk Aversion and International Trade [J]. Journal of International Economics, 2018 (115): 145-58.

Ghironi, F., M.J. Melitz. International Trade and Macroeconomic Dynamics with Heterogeneous Firms [J]. The Quarterly Journal of Economics, 2005 (3): 865-915.

Ghironi, F., Melitz, M.J. International Trade and Macroeconomic Dynamics with heterogeneous Firms [J]. The Quarterly Journal of Economics, 2005, 120 (3): 865-915.

Giordani, P.E., N. Rocha, M. Ruta. Food Prices and the Multiplier Effects of Trade Policy [J]. Journal of International Economics, 2016 (101):

102-122.

Giovanni, J. D. , A. A. Levchenko. Firm Entry, Trade, and Welfare in Zipf's World [J]. Journal of International Economics, 2013 (89): 283-296.

Giovanni, Julian, Andrei A. Levchenko, Isabelle Mejean. The Micro Origins of International Business-Cycle Comovement [J]. American Economic Review, 2018, 108 (1): 82-108.

Girma, S., Greenaway, D. , Kneller, R. Does Exporting Increase Productivity? A Microeconometric Analysis of Matched Firms [J]. Review of International Economics, 2004, 12 (5): 855-866.

Girma, S., Greenaway, D. , Kneller, R. Export Market Exit and Performance Dynamics: A Causality Analysis of Matched Firms [J]. Economic Letters, 2003, 80 (2): 181-187.

Gnutzmann-Mkrtchyan, Arevik , Christian Henn. Peeling Away the Layers: Impacts of Durable Tariff Elimination [J]. Journal of International Economics, 2018 (115): 259-76.

Gopinath, G. , B. Neiman. Trade Adjustment and productivity in Large Crises [J]. American Economic Review, 2014, 104 (3): 793-831.

Greenaway, D. , Kneller, R. Exporting and Productivity in the United Kingdom [J]. Oxford Review of Economic Policy, 2004, 20 (3): 358-371.

Greenaway, D., Gullstrand, J. , Kneller, R. Exporting May Not Always Boost Firm Productivity [J]. Review of World Economics, 2005, 141 (4): 561-582.

Grether, J.M. , N.A. Mathys. The Pollution Terms of Trade and Its Five Components [J]. Journal of Development Economics, 2013, 100 (1): 19-31.

Grossman, G.M. , E. Helpman. Outsourcing in a Global Economy [J]. Review of Economic Studies, 2005 (72): 135-160.

Grossman, G.M., E. Helpman , A. Szeidl. Optimal Integration Strategies for the Multinational Firm [J]. Journal of International Economics, 2006 (70):

216-238.

Grossman, G.M., E. Helpman, P. Kircher. Matching, Sorting, and the Distributional Effects of International Trade [J]. Journal of Political Economy, 2017, 125 (1): 224-264.

Grossman, M.G., E. R. Hansberg. Task Trade Between Similar Countries. Econometrica, 2012, 80 (2): 593-629.

Hadjiyiannis, C., D. Iris, C. Tabakis. Multilateral Tariff Cooperation under Fairness and Reciprocity [J]. Canadian Journal of Economic, 2012, 45 (3): 925-941.

Hakobyan, S., J. McLaren. Looking for Local Labor Market Effects of NAFTA [J]. The Review of Economics and Statistics, 2016, 98 (4): 728-741.

Halpern, L., Koren, M., Szeidl, A. Imported Inputs and Productivity [J]. American Economic Review, 2015, 105 (12): 3660-3703.

Handley, K. Exporting Under Trade Policy Uncertainty: Theory and Evidence [J]. Journal of International Economics, 2014 (94): 50-66.

Handley, K., N. Limao. Policy Uncertainty, Trade, and Welfare: Theory and Evidence for China and the United States [J]. American Economic Review, 2017, 107 (9): 2731-2783.

Hansen, J.D., Nielsen, U.M. Economies of Scale and Scope, Firm Heterogeneity and Exports [J]. Working Paper, 2007.

Hansen, J.D., U.M. Nielsen. Economies of Scale and Scope, Firm Heterogeneity and Exports [J]. Working Paper, 2007a.

Hansen, J.D., U.M. Nielsen. Choice of Technology, Firm Heterogeneity, and Exports [J]. Working Paper, 2007b.

Hanson, G.H. The Rise of Middle Kingdoms: Emerging Economies in Global Trade [J]. NBER Working Paper, 2012: 17961.

Harrigan, J., Ma, X., Shlychkov, Export Prices of U.S. Firms [J]. Journal of International Economics, 2005 (97): 100-111.

Harris, R.G., P. E. Robertson. Trade, Wages and Skill Accumulation in the Emerging Giants [J]. Journal of International Economics, 2013 (89): 407-421.

Head, K., J. Ries. Heterogeneity and the FDI versus Export Decision of Japanese Manufacturers [J]. Japanese International Economies, 2003 (17): 448-467.

Head, K., J. Ries, B.J. Spencer. Vertical Networks and U.S. Auto Parts Exports: Is Japan Different Journal of Economics and Management Strategy, 2004 (13): 37-67.

Head, K., T. Mayer, M. Thoenig. Welfare and Trade without Pareto American Economic Review: Papers and Proceedings, 2014, 104 (5): 310-316.

Head. K., R. Jing, J. Ries. Import Sourcing of Chinese Cities: Order versus Randomness [J] .Journal of International Economics, 2017, 105: 119-129.

Heid, B., M. Larch. Gravity with Unemployment [J] .Journal of International Economics, 2016, 101: 70-85.

Heilmann, K. Does Political Conflict Hurt Trade? Evidence from Customer Boycotts [J]. Journal of International Economics, 2016 (99): 179-191.

Helpman, E., M.J. Melitz, S.R. Yeaple. Export Versus FDI with Heterogeneous Firms [J]. The American Economic Review, 2004, 94 (1): 300-316.

Helpman, E., O. Itskhoki, S. Redding. Wages, Unemployment and Inequality with Heterogeneous Firms and Workers [J]. Working Paper, 2008.

Helpman, E., O. Itskhoki M.A. Muendler, S.J. Redding. Trade and Inequality: From Theory to Estimation [J]. Review of Economic Studies, 2017 (84): 357-405.

Helpman, E., O. Itskhoki, M.A. Muendler, S. Redding. Trade and Inequality: From Theory to Estimation [J] .NBER Working Paper, 2012: w17991.

Hlatshwayo, S., M. Spence. Demand and Defective Growth Patterns: The Role of the Tradable and Non-tradable Sectors in an Open Economy [J].

American Economic Review: Papers and Proceedings, 2014, 104 (5): 272-277.

Holmes, T. J., W.T. Hsu, S. Lee. Allocative Efficiency, Mark-ups, and the Welfare Gains from Trade [J]. NBER Working Paper, 2013: 19273.

Holmes, T.J., J.J. Stevens. Exports, Borders, Distance, and Plant Size [J]. Journal of International Economics, 2012: 8891-103.

Holmes, T.J., Stevens, J.J. Exports, borders, distance, and plant size [J]. Journal of International Economics, 2012: 8891-103.

Holmes, T.J., W-T. Hsu, S. Lee. Allocative Efficiency, Mark-ups, and the Welfare Gains from Trade [J]. Journal of International Economics, 2014 (94): 195-206.

Hornok, C., Koren, M. Per-shipment Costs and the Lumpiness of International Trade [J]. The Review of Economics and Statistics, 2015, 97 (2): 525-530.

Hu, Y., K. Mino. Trade Structure and Belief-Driven Fluctuations in a Global Economy [J]. Journal of International Economics, 2013 (90): 414-424.

Hummels, D. L., G. Schaur. Time as a Trade Barrier [J]. American Economic Review, 2013, 103 (7): 2935-2959.

Hummels, D., J. Ishii, K.M. Yi. The Nature and Growth of Vertical Specialization in World Trade [J]. Journal of International Economics, 2001 (54): 75-96.

Hummels, D., R. Jogensen, J. Munch., C. Xiang. The Wage Effects of Offshoring: Evidence from Danish Matched Worker-Firm Data [J]. American Economic Review, 2014, 104 (6): 1597-1629.

Hummels, David, Kwan Yong Lee. The Income Elasticity of Import Demand: Micro Evidence and an Application [J]. Journal of International Economics, 2018 (113): 20-34.

Iacovone, L., F. Rauch, L.A. Winters. Trade as an Engine of Creative Destruction: Mexican Experience with Chinese Competition [J]. Journal of

International Economics, 2013（89）: 379-392.

Impullitti, G. A Theory of Entry and Exit from Export Market [J]. Journal of International Economics, 2013（90）: 75-90.

Imura, Y. Endogenous Trade Participation with Price Rigidities [J]. Journal of International Economics, 100: 14-33.

Irarrazabal, A., A. Moxnes, K.H.U. Moe. Heterogeneous Firms or Heterogeneous Workers？ Implications for Exporter Premiums and The Gains from Trade [J]. The Review of Economics and Statistics, 2013, 95（3）: 839-849.

Irarrazabal, A., A. Moxnes, L.D. Opromolla [J]. The Tip of the Iceberg: A Quantitative Framework for Estimating Trade Costs [Z]. NBER Working Paper, 2013: 19236.

Irarrazabal, A., Moxnes, A., Opromolla, L.D. The Tip of the Iceberg: A Quantitative Framework for Estimating Trade Costs [J]. The Review of Economics and Statistics, 2015, 97（4）: 777-792.

Ishikawa, Jota, Nori Tarui. Backfiring with Backhaul Problems [J]. Journal of International Economics, 2018（111）: 81-98.

Ishise, H. Capital Heterogeneity as a Source of Comparative Advantage: Putty-clay Technology in a Ricardian Model [J]. Journal of International Economics, 2016（99）: 223-236.

Jacks, David S., Dennis Novy. Market Potential and Global Growth over the Long Twentieth Century [J]. Journal of International Economics, 2018（114）: 221-37.

Jacob, P., G. Peersman. Dissecting the Dynamics of the US Trade Balance in An Estimated Equilibrium Model [J]. Journal of International Economics, 2013（90）: 302-315.

Jacobson, T., Schedvin, E.V. Trade Credit and the Propagation of Corporate Failure: An Empirical Analysis [J]. Econometrica, 2015, 83（4）: 1315-1371.

Jaef, R.N.F., J.I. Lopez. Entry, Trade Costs, and International Business

Cycles [J]. Journal of International Economics, 2014 (94): 224-238.

Jakel, I.C., M. Smolka. Trade Policy Preferences and Factor Abundance[J]. Journal of International Economics, 2017 (106): 1-19.

Jarreau, J., S. Poncet. Export Sophistication and Economic Growth: Evidence from China [J]. Journal of International Economics, 2012 (97): 281-292.

Jensen, J. B., D.P. Quinn, S. Weymouth. Global Supply Chains, Currency Undervaluation, and Firm Protectionist Demands [Z]. NBER Working Paper, 2013: 19239.

Johnson, J. P. The Agency Model and MFN Clauses [J]. Review of Economic Studies, 2017 (84): 1151-1185.

Johnson, R. Trade in Intermediate Inputs and Business Cycle Comovement [Z]. NBER Working Paper, 2012: w18240.

Johnson, R. C., G. Noguera. Accounting for Intermediates: Production Sharing and Trade in Value Added [J]. Journal of International Economics, 2012, 86(2): 224-236.

Johnson, R. C. Trade and Prices with Heterogeneous Firms [J]. Journal of International Economics, 2012 (86): 43-56.

Johnson, R. C., G. Noguera. A Portrait of Trade in Value-added over Four Decades [J]. Review of Economics and Statistics, 2017, 99 (5): 896-911.

Juhász, Réka. Temporary Protection and Technology Adoption: Evidence from the Napoleonic Blockade[J]. American Economic Review, 2018, 108(11): 3339-3376.

Juhn, C., G. Ujhelyi, C. V. Sanchez. Trade Liberalization and Fender Inequality [J]. American Economic Review, 2013, 103 (3): 269-273.

Kasahara, H., B. Lapham. Productivity and the Decision to Import and Export: Theory and Evidence [J]. Journal of International Economics, 2013 (89): 297-316.

Kasahara, H., Lapham, B. Productivity and the Decision to Import and Export: Theory and Evidence [J]. Journal of International Economics, 2013

(89): 297-316.

Kee, H.L., H. Tang. Domestic Value Added in Exports: Theory and Firm Evidence from China [J]. American Economic Review, 2016, 106 (6): 1402-1436.

Keen, M., C. Kotsogiannis. Coordinating Climate and Trade Policies: Pareto Efficiency and the Role of Border Tax Adjustments [J]. Journal of International Economics, 2016 (94): 119-128.

Kehoe, Timothy J., Kim J. Ruhl, Joseph B. Steinberg. n.d. Global Imbalances and Structural Change in the United States [J]. Journal of Political Economy, 236 (2): 762-96.

Keller, W., S. R. Yeaple. The Gravity of Knowledge [J]. American Economic Review, 2013, 103 (4): 1414-1444.

Ketterer, T.D., D. Berbhofen, C. Milner. Preferences, Rent Destruction and Multilateral Liberalization: The Building Block Effect of CUSFTA [J]. Journal of International Economics, 2014 (92): 63-77.

Khandelwal, A. K., P. K. Schott, S. J. Wei. Trade Liberalization and Embedded Institutional Reform: Evidence from Chinese Exporters [J]. American Economic Review, 2013, 103 (6): 2169-2195.

Kim, S. M., M. A. Kose. Welfare Implications of Trade Liberalization and Fiscal Reform: A Quantitative Experiment [J]. Journal of International Economics, 2014 (92): 198-209.

Kimura, F., Kiyota, K. Exports, FDI, and Productivity: Dynamic Evidence from Japanese Firms [J]. Review of World Economics, 2006, 142 (4): 695-719.

Kiyota, K. A Many-Cone World? [J]. Journal of International Economics, 2012, 86 (2): 345-354.

Klasing, M. J., P. Milionis. Quantifying the Evolution of World Trade, 1870-1949 [J]. Journal of International Economics, 2014 (92): 185-197.

Kohn, D., F. Leibovici, M. Szkup. Financial Friction and New Exporter Dynamics [J]. International Economic Review, 2016, 57 (2): 453-486.

Kohoe, T. J. , K. J. Ruhl. How Important Is the New Goods Margin in International Trade [J]. Journal of Political Economy, 2013, 121（2）: 358-392.

Kondo, Illenin O. Trade-Induced Displacements and Local Labor Market Adjustments in the U.S. [J]. Journal of International Economics, 2018（114）: 180-202.

Konings, J. , Vanormelingen, S. The Impact of Training on Productivity and Wages : Firm-level Evidence. The Review of Economics and Statistics, 2015, 97（2）: 485-497.

Koopman, R. , Z. Wang , S. J. Wei. Tracing Value Added and Double Counting in Gross Exports [Z]. NBER Working Paper , 2012 : 18579.

Koopman, R., Z. Wang, S. Wei. Tracing Value-Added and Double Counting in Gross Exports [J]. American Economic Review, 2014, 104（2）: 459-494.

Kosteve, C. Performance of Exporters : Scale Effects of Continuous Productivity Improvement [Z]. Katholieke Universiteit Leuven, LICOS Discussion Paper , 2005.

Kovak, B. K. Regional Effects of Trade Reform : What is the Correct Measure of Liberalization ? [J]. American Economic Review, 2013, 103（5）: 1960-1976.

Kraay, A. Exports and Economic Performance : Evidence from A Panel of Chinese Enterprises [Z]. Working Paper, 1999.

Krautheim, S. Heterogeneous Firms, Exporter Networks and the Effect of distance on International Trade [J]. Journal of International Economics, 2012（87）: 27-35.

Krautheim, S. , T. Verdier. Offshoring with Endogenous NGO Activism [J]. Journal of International Economics, 2016（101）: 22-41.

Krishana, P., J. P. Poole , M. Z. Senses. Wage Effects of Trade Reform with Endogenous Worker Mobility [J]. Journal of International Economics, 2014（93）: 239-252.

Krishna, P. Preferential Trade Agreements and the World Trade System: A Multilateralist View [Z]. NBER Working Paper, 2012: 17840.

Krishna, P., M.Z. Senses. International Trade and Labor Income Risk in the U.S. [J]. Review of Economic Studies, 81: 186-218.

Kropf, A., P. Saure. Fixed Costs per Shipment [J]. Journal of International Economics, 2014 (92): 166-184.

Kugler, M., E. Verhoogen. Prices, Plant Size, and Product Quality [J]. Review of Economic Studies, 2012, 79 (1): 307-339.

Kukharskyy, B. Relational Contracts and Global Sourcing [J]. Journal of International Economics, 2016 (101): 123-147.

Kulish, M., D. M. Rees. Unprecedented Changes in the Terms of Trade [J]. Journal of International Economics, 2017 (108): 351-367.

Kurz, C., M. Z. Senses. Institutions and Export Dynamics. Journal of International Economics, 2016 (98): 2-20.

Lake, J., H. M. Yildiz. On the Different Geograohic Characteristics of Free Trade Agreements and Customs Unions [J]. Journal of International Economics, 2016 (103): 213-233.

Lake, J., M. K. Linask. Could Tariffs be Pro-cyclical [J]. Journal of International Economics, 2016 (103): 124-146.

Lake, J., S. Roy. Are Global Trade Negotiations Behind a Fragmented World of Gated Globalization [J]. Journal of International Economics, 2017 (108): 117-136.

Larch, M., J. Wanner. Carbon Tariffs: An Analysis of the Trade, Welfare, and Emission Effects [J]. Journal of International Economics, 2017 (109): 195-213.

Lee, Eunhee, Kei-Mu Yi. Global Value Chains and Inequality with Endogenous Labor Supply [J]. Journal of International Economics, 2018 (115): 223-41.

Lee, G. M. Optimal International Agreement and Restriction on Domestic Efficiency [J]. Journal of International Economics, 2016 (99): 138-155.

Levchenko, A.A. , J. Zhang. Comparative Advantage and the Welfare Impact of European Integration [Z]. NBER Working Paper, 2012: 18061.

Lewis, L.T. Exports versus Multinational Production under Nominal Uncertainty [J]. Journal of International Economics, 2014 (94): 371-386.

Li, Bingjing. Export Expansion, Skill Acquisition and Industry Specialization: Evidence from China [J]. Journal of International Economics, 2018 (114): 346-61.

Li, Shengyu. A Structural Model of Productivity, Uncertain Demand, and Export Dynamics [J]. Journal of International Economics, 2018 (115): 1-15.

Limão, N., G. Maggi. Uncertainty and Trade Agreements [Z]. NBER Working Paper, 2013: 18703.

Liu, Q., L. D. Qiu. Intermediate Input Imports and Innovations: Evidence from Chinese Firms' Patent Filings [J]. Journal of International Economics, 2016 (103): 166-183.

Liu, R., C. Rosell. Import Competition, Multi-Product Firms, and Basic Innovation [J]. Journal of International Economics, 2013 (91): 220-234.

Loecker, J.D. Do Exports Generate Higher Productivity? Evidence from Slovenia [J]. Journal of International Economics, 2007 (93) 69-98.

Loecker, J.D., P.K. Goldberg, A.K. Khandelwal, N. Pavcnik. Prices, Markups, and Trade Reform [J]. Econometrica, 2016, 84 (2): 445-510.

Lopresti, J. Multiproduct Firms and Product Scope Adjustment in Trade [J]. Journal of International Economics, 2016 (100): 160-173.

Los, B., M.P. Timmer, G.J.D. Vries. Tracing Value-Added and Double Counting in Gross Exports: Comments [J]. American Economic Review, 2016, 106 (7): 1958-1966.

Lozza, E. C. , C. Gaigne, L.L. Mener. Does Input Trade Liberalization Boost Downstream Firms' Exports? Theory and Firm-Level Evidence [J]. Journal of International Economics, 2013 (90): 391-402.

Lu, D. Exceptional Exporter Performance? Evidence from Chinese Manufacturing Firms [Z]. University of Chicago Job Market Paper, 2010.

Lu, J., Lu, Y., Tao, Z. Exporting Behavior of Foreign Affiliates: Theory and Evidence [J]. Journal of International Economics, 2010 (81): 197-205.

Lu, Y., Z. Tao, Y. Zhang. How Do Exporters Respond to Antidumping Investigations? [J]. Journal of International Economics, 2013 (91): 290-300.

Lu, Yi, Xiang Shao, Zhigang Tao. Exposure to Chinese Imports and Media Slant: Evidence from 147 U.S. Local Newspapers over 1998-2012 [J]. Journal of International Economics, 2018 (114): 316-30.

Ludema, R. D., A. M. Mayda. Do Terms-of-Trade Effects Matter for Trade Agreements? Theory and Evidence from WTO Countries [J]. Quarterly Journal of Economics, 2013, 128 (4): 1837-1893.

Ludema, R.D., Z. Yu. Tariff Pass-through, Firm Heterogeneity and Product Quality [J]. Journal of International Economics, 2016 (103): 234-249.

Ludema, Rodney D., Anna Maria Mayda, Prachi Mishra. Information and Legislative Bargaining: The Political Economy of U.S. Tariff Suspensions [J]. The Review of Economics and Statistics, 2018, 100 (2): 303-18.

Lyon, Spencer G., Michael E. Waugh. Redistributing the Gains from Trade through Progressive Taxation. [J]. Journal of International Economics, 2018 (115): 185-202.

Ma, Y., H. Tang, Y. Zhang. Factor Intensity, Product Switching, and Productivity: Evidence from Chinese Exporters [J]. Journal of International Economics, 2014 (92): 349-362.

Manova, K. Credit Constraints, Heterogeneous Firms, and International Trade [J]. Review of Economic Studies, 2013 (80): 711-744.

Manova, K., Z. Yu. How Firms Export: Processing vs. Ordinary Trade with Financial Friction [J]. Journal of International Economics, 2016 (100): 120-137.

Manova, K., Z. Yu. Multi-product Firms and Product Quality [J]. Journal of International Economics, 2017 (109): 116-137.

Manova, K., Z. Zhang. Export Prices Across Firms and Destinations [J]. The Quarterly Journal of Economics, 2012, 127 (1): 379-436.

Manova, K., Wei, S., Wang, Z. Firm Exports and Multinational Activity under Credit Constraints [J]. Review of Economics and Statistics, 2015, 97 (3): 574-588.

Marin, D., T. Verdier. Power inside the Firm and the Market: A General Equilibrium Approach [Z]. CEPR Discussion Paper, 2012: 4358.

Marin, D., T. Verdier. Globalization and the Employment of Talent [Z]. CEPR Discussion Paper, 2003: 4129.

Marin, D., T. Verdier. Corporate Hierarchies and International Trade: Theory and Evidence [Z]. University of Munich, Mimeo, 2005.

Marin, D., T. Verdier. Power Inside the Firm and the Market: A General Equilibrium Approach [Z]. Discussion Paper, 2006: 109.

Marin, D., T. Verdier. Competing in Organizations: Firm Heterogeneity and International Trade [Z]. Discussion Paper, 2007: 207.

Marin, D., T. Verdier. Power in the Multinational Corporation in Industry Equilibrium [Z]. Discussion Paper, 2007b: 209.

Marin, D., T. Verdier. Corporate Hierarchies and the Size of Nations: Theory and Evidence [Z]. Discussion Paper, 2008: 227.

Martin, P., C. A. Rogers. Industrial Location and Public Infrastructure [J]. Journal of International Economics, 1995 (39): 335-351.

Mayer, T., M. J. Melitz, G.I.P. Ottaviano. Market Size, Competition, and the Product Mix of Exporters [J]. American Economic Review, 2014, 104 (2): 495-536.

Mccaig, B., Pavcnik, N. Informal Employment in a Growing and Globalizing Low-Income Country [J]. American Economic Review, 2015, 105 (5): 545-550.

McCaig, Brian, Nina Pavcnik. Export Markets and Labor Allocation in a Low-Income Country [J]. American Economic Review, 2018, 108 (7): 1899-1941.

McCallum, J. National Borders Matter: Canada-U.S. Regional Trade

Patterns [J]. American Economic Review, 1995 (85): 615-623.

McCalman, P., A. Spearot. Why Trucks Jump: Offshoring and Product Characteristics [J]. Journal of International Economics, 2013 (91): 82-95.

McCalman, Phillip. International Trade, Income Distribution and Welfare [J]. Journal of International Economics, 2018 (110): 1-15.

Meinen, Philipp, Horst Raff. International Trade and Retail Market Performance and Structure: Theory and Empirical Evidence [J]. Journal of International Economics, 2018 (115): 99-114.

Melitz, J., F. Toubal. Native Language, Spoken Language, Translation and Trade [J]. Journal of International Economics, 2014 (93): 351-363.

Melitz, M.J., Redding, S.J. New Trade Models, New Welfare Implications [J]. American Economic Review, 2015, 105 (3): 1105-1146.

Melitz, M.J. The Impact of Trade On Intra-Industry Reallocations and Aggregate Industry Productivity [J]. Econometrica, 2003, 71 (6): 1695-1725.

Melitz, M.Z., S.J. Redding. Missing Gains from Trade [J]. American Economic Review: Papers & Proceedings, 2014, 104 (5): 317-321.

Mengistae, T., Pattillo, C. Export Orientation and Productivity in Sub-Saharan Africa [Z]. IMF Staff Papers, 2004, 51 (2): 327-353.

Mion, G., L.D. Opromolla. Managers' Mobility, Trade Performance, and Wages [J]. Journal of International Economics, 2014 (94): 85-101.

Missios, P., K. Saggi, H. M. Yildiz. External Trade Diversion, Exclusion Incentives and the Nature of Preferential Trade Agreements [J]. Journal of International Economics, 2016 (99): 105-119.

Mitchener, K.J., S. Yan. Globalization, Trade, and Wages: What Does History Tell Us about China [J]. International Economic Review, 2014, 55 (1): 131-168.

Monarch, R., J. Park, J. Sivadasan. Domestic Gains from Offshoring? Evidence from TAA-linked U.S. Microdata [J]. Journal of International Economics, 2017 (105): 150-173.

Mrazova, M., D. Vines, B. Zissimos. Is the GATT/WTO's Article XXIV

Bad? [J]. Journal of International Economics, 2013 (89): 216-232.

Mrazova, M., J. P. Neary. Together at Last: Trade Costs, Demand Structure, and Welfare [J]. American Economic Review: Papers & Proceedings, 2014, 104 (5): 298-303.

Naito, T. A Ricardian Model of |Trade and Growth with Endogenous Trade Status [J]. Journal of International Economics, 2012, 87 (1): 80-88.

Naito, T. Growth and Welfare Effects of Unilateral Trade Liberalization with Heterogeneous Firms and Asymmetric Countries [J]. Journal of International Economics, 2017 (109): 167-173.

Namini, J. E., R.A. Lopez. Random Versus Conscious Selection into Export Markets—Theory and Empirical Evidence [Z]. Working Paper, 2006.

Nicita, A., M. Olarreaga, G. Porto. Pro-poor Trade Policy in Sub-Saharan Africa [J]. Journal of International Economics, 2014 (92): 252-265.

Nicita, Alessandro, Marcelo Olarreaga, Peri Silva. Cooperation in WTO's Tariff Waters? [J]. Journal of Political Economy, 2018, 126 (3): 1302-38.

Niepmann, F., T. S. Eisenlohr. International Trade, Risk and the Role of Banks [J]. Journal of International Economics, 2017 (107): 111-125.

Niepmann, F., T. S. Eisenlohr. No Guarantees, No Trade: How Banks Affect Export Patterns [J]. Journal of International Economic, 2017 (108): 338-350.

Nigai, S. A Tale of Two Tails: Productivity Distribution and the Gains from Trade [J]. Journal of International Economics, 2017 (104): 44-62.

Nishioka, S. International Differences in Production Techniques: Implications for the Factor Content of Trade [J]. Journal of International Economics, 2012, 87 (1): 98-104.

Nocco, A., G. I. P. Ottaviano, M. Salto. Monopolistic Competition and Optimum Product Selection [J]. American Economic Review, 2014, 104 (5): 304-309.

Nocke, V., S. Yeaple. Cross-Border Mergers and Acquisitions versus

Greenfield Foreign Direct Investment: The Role of Firm Heterogeneity [Z]. Working Paper, 2006.

Nocke, V., S. Yeaple. Globalization and Multiproduct Firms [J]. International Economic Review, 2014, 55 (4): 993-1018.

Novy, D. International Trade without CES: Estimating Trans-log Gravity [J]. Journal of International Economics, 2013 (89): 271-282.

Oberfield, Ezra. A Theory of Input-Output Architecture [J]. Econometrica, 2018, 86 (2): 559-89.

Ohashi, H., Y. Toyama. The Effects of Domestic Merger on Exports: A Case Study of the 1998 Korean Automobile Industry [J]. Journal of International Economics, 2017 (107): 147-164.

Oldenski, L. Export versus FDI and the communication of complex information [J]. Journal of International Economics, 2012 (87): 312-322.

Olivero, M., Y.V. Yotov. Dynamic Gravity: Endogenous Country Size and Asset Accumulation [J]. Canadian Journal of Economics, 2012, 45 (1): 64-92.

Ortega, F. and G. Peri. Openness and Income: The Roles of Trade and Migration [J]. Journal of International Economics, 2014 (92): 231-251.

Ossa, R. Trade War and Trade Talks with Data [J]. American Economic Review, 2014, 104 (12): 4104-4146.

Ottaviano, Gianmarco I. P., Giovanni Peri, Greg C. Wright. Immigration, Trade and Productivity in Services: Evidence from U.K. Firms [J]. Journal of International Economics, 2018 (112): 88-108.

Ourens, G. Trade and Growth with Heterogeneous Firms Revisited [J]. Journal of International Economics, 2016 (100): 194-202.

Palangkaraya, A., P. H. Jensen, E. Webster. The Effect of Patents on Trade [J]. Journal of International Economics, 2017 (105): 1-9.

Parenti, Mathieu. Large and Small Firms in a Global Market: David vs. Goliath [J]. Journal of International Economics, 2018 (110): 103-118.

Pascali, L. The Wind if Change: Maritime Technology, Trade, and Economic Development [J]. American Economic Review, 2017, 107 (9):

2821-2854.

Paz, L.S. The Impacts of Trade Liberalization on Informal Labor Markets: A Theoretical and Empirical Evaluation of the Brazilian Case [J]. Journal of International Economics, 2014 (92): 330-348.

Prete, D.D., A. Rungi. Organizing the Global Value Chain: A Firm-level Test [J]. Journal of International Economics, 2017 (109): 16-30.

Puga, D., D. Trefler. International Trade and Institutional Change: Medieval Venice's Response to Globalization [J]. The Quarterly Journal of Economics, 2014, 129 (2): 753-821.

Puzzello, L. A Proportionality Assumption and Measurement Biases in the Factor Content of trade [J]. Journal of International Economics, 2012, 87 (1): 105-111.

Qiu, L.D., W. Zhou. Multiproduct Firms and Scope Adjustment in Globalization [J]. Journal of International Economics, 2013 (91): 142-153.

Raimondos, Pascalis, Alan Woodland. Reciprocity in Trade Negotiations and Welfare [J]. Journal of International Economics, 2018 (111): 134-42.

Ramanarayanan, A. Imported Inputs, Irreversibility, and International Trade Dynamics [J]. Journal of International Economics, 2017 (104): 1-18.

Ramondo, N. A Quantitative Approach to Multinational Production [J]. Journal of International Economics, 2014 (93): 108-122.

Ramondo, N., A.R. Clare, M.S. Rodriguez. Trade, Domestic Friction, and Scale Effects [J]. American Economic Review, 2016, 106 (10): 3159-3184.

Ramondo, N., Clare, A.R., Tintelnot, F. Multinational Production: Data and Stylized Facts [J]. American Economic Review, 2015, 105 (5): 530-536.

Ramondo, N., V. Rappoport, K.J. Ruhl. Intrafirm Trade and Vertical Fragmentation in U.S. Multinational Corporations [J]. Journal of International Economics, 2016 (98): 51-59.

Ranjan, P. Offshoring, Unemployment, and Wages: The Role of Labor Market Institutions [J]. Journal of International Economics, 2013 (89): 172-186.

Redding, S.J. Goods Trade, Factor Mobility and Welfare [J]. Journal of International Economics, 2016 (101): 148-167.

Regolo, J. Export Diversification: How Much Does the Choice of the Trading Partner Matter? [J]. Journal of International Economics, 2013 (91): 329-342.

Rho, Youngwoo, J. Rodrigue. Firm-level Investment and Export Dynamics [J]. International Economic Review, 2016, 57 (1): 271-304.

Rhodes, A. Multiproduct Retailing [J]. Review of Economic Studies, 2015 (82): 360-390.

Robert, K., Z. Wang, S.J. Wei. Estimating Domestic Content in Exports When Processing Trade is Pervasive [J]. Journal of Development Economics, 2012, 99 (1): 178-189.

Roberts, M. J., D.Y. Xu, X. Fan, S. Zhang. A Structural Model of Demand, Cost, and Export Market Selection for Chinese Footwear Producers [Z]. NBER Working Paper, 2012: w17725.

Roberts, Mark J., Daniel Yi Xu, Xiaoyan Fan, Shengxing Zhang. The Role of Firm Factors in Demand, Cost, and Export Market Selection for Chinese Footwear Producers [J]. The Review of Economic Studies, 2018, 85 (4): 2429-2461.

Rodrigue, J., O. Soumonni. Deforestation, Foreign Demand and Export Dynamics in Indonesia [J]. Journal of International Economics, 2014 (93): 316-338.

Rose, A.K. Do We really Know that the WTO Increases Trade? [J]. American Economic Review, 2004 (94): 98-114.

Roy, S., K. Saggi. Equilibrium Parallel Import Policies and International Market Structure [J]. Journal of International Economics, 2012 (87): 262-276.

Ruhl, K. J. How well is US Intrafirm Trade Measured? [J]. American Economic Review: Papers & Proceedings, 2015, 105 (5): 524-529.

Sampson, T. Dynamic Selection: An Idea Flows Theory of Entry, Trade, and Growth [J]. The Quarterly Journal of Economics, 2016: 315-380.

Schmeiser, K. N. Learning to Export: Export Growth and the Destination Decision of Firms [J]. Journal of International Economics, 2012 (87): 89-97.

Seitz, M., Tarasov, A., Zakharenko, R. Trade Costs, Conflicts, and Defense Spending [J]. Journal of International Economics, 2015 (95): 305-318.

Sequeira, S. Corruption, Trade Costs, and Gains from Tariff Liberalization: Evidence from Southern Africa [J]. American Economic Review, 2016, 106 (10): 3029-3063.

Shapiro, Joseph S., Reed Walker. Why Is Pollution from US Manufacturing Declining? The Roles of Environmental Regulation, Productivity, and Trade[J]. American Economic Review, 2018, 108 (12): 3814-54.

Silva, J. M. C. S., S. Tenreyro, K. Wei. Estimating the Extensive Margin of Trade [J]. Journal of International Economics, 2014 (93): 67-75.

Simonovska, I. Income Differences and Prices of Tradable: Insights from an Online Retailer [J]. Review of Economic Studies, 2015 (82): 1612-1656.

Simonovska, I., M.E. Waugh. The Elasticity of Trade: Estimates and Evidence [J]. Journal of International Economics, 2014 (92): 34-50.

Smeets, V., F. Warzynski. Estimating Productivity with Multi-product Firms, Pricing Heterogeneity and the Role of International Trade [J]. Journal of International Economics, 2013 (90): 237-244.

Soderbery, Anson. Trade Elasticities, Heterogeneity, and Optimal Tariffs. [J]. Journal of International Economics, 2018 (114): 44-62.

Spearot, A. C. Variable Demand Elasticities and Tariff Liberalization [J]. Journal of International Economics, 2013 (89): 26-41.

Spencer, B. J. International Outsourcing and Incomplete Contracts [J]. Canadian Journal of Economics, 2005, 38 (4): 1107-1135.

Sposi, M. Trade Barriers and the Relative Price of Tradable [J]. Journal of International Economics, 2015 (96): 398-411.

Steinwender, Claudia. Real Effects of Information Frictions: When the States and the Kingdom Became United [J]. American Economic Review, 2018, 108 (3): 657-96.

Storeygard, A. Farther on down the Road: Transport Costs, Trade and Urban Growth in Sub-Saharan Africa [J]. Review of Economic Studies, 2016 (83): 1263-1295.

Swiecki, T. Intersectoral Distortions and the Welfare Gains from Trade [J]. Journal of International Economics, 2017 (104): 138-156.

Tang, H. Labor Market Institutions, Firm-specific Skills, and Trade Patterns [J]. Journal of International Economics, 2012 (87): 337-351.

Tintelnot, F. Global Production with Export Platforms [J]. The Quarterly Journal of Economics, 2017: 157-209.

Tong. H, S. Wei. Does Trade Globalization Induce or Inhibit Corporate Transparency? Unbundling the Growth Potential and Product Market Competition Channels [J]. Journal of International Economics, 2014 (94): 358-370.

Utar, Hale. Workers beneath the Floodgates: Low-Wage Import Competition and Workers' Adjustment [J]. The Review of Economics and Statistics, 2018, 100 (4): 631-647.

Vandenbussche, Hylke, Christian Viegelahn. Input Reallocation within Multi-Product Firms [J]. Journal of International Economics, 2018 (114): 63-79.

Vannoorenberghe, G. Firm-level Volatility and Exports [J]. Journal of International Economics, 2012 (86): 57-67.

Vannoorenberghe, G., E. Janeba. Trade and the Political Economy of Redistribution [J]. Journal of International Economics, 2016 (98): 233-244.

Wagner, J. Export and Productivity: A Survey of the Evidence from Firm-level Data [J]. The World Economy, 2007, 30 (1): 60-82.

Wagner, J. Export Intensity and Plant Characteristics: What Can We Learn from Quantile Regression? [J]. Review of World Economics, 2006, 142 (1): 195-203.

Wagner, J. The Causal Effects of Exports on Firm Size and Labor Productivity: First Evidence from A Matching Approach [J]. Economics Letters, 2002 (77): 287–292.

Wang, Z., S.J. Wei, K.f. Zhu. Quantifying International Production Sharing at the Bilateral and Sector Level [Z]. NBER Working Paper, 2013: 19677.

Wu, T.T. Firm Heterogeneity, Trade, Multinationals, and Growth: A Quantitative Evaluation [J]. Journal of International Economics, 2015 (97): 359–375.

Yang, R., He, C. The Productivity Puzzle of Chinese Exporters: Perspectives of Local Protection and Spillover Effects [J]. Papers in Regional Science, 2014, 93 (2): 367–384.

Yasar, M., Rehesus, R.M. Exporting Status and Firm Performance: Evidence from a Matched Sample [J]. Economic Letters, 2005, 88 (3): 397–402.

Yasar, M., Nelson, C.H., Rejesus, R.M. Productivity and Exporting Status of Manufacturing Firms: Evidence from Quantile Regress [Z]. Emory University Department of Economics Working Paper, 2003: 3–23.

Yeaple, S.R. A Simple Model of Firm Heterogeneity, International Trade, and Wages [J]. Journal of Economics, 2005 (65): 1–20.

Yeats, A.J. Just How Big is Global Production Sharing? [Z]. World Bank Working Paper, 2001: 1871.

Zissimos, B. A Theory of Trade Policy under Dictatorship and Democratization [J]. Journal of International Economics, 2017 (109): 85–101.

Zlate, A. Offshore Production and Business Cycle Dynamics with Heterogeneous Firms [J]. Journal of International Economics, 2016 (100): 34–49.

Zymek, R. Factor Proportions and the Growth of World Trade [J]. Journal of International Economics, 2015 (95): 42–53.

后 记

本书的研究缘起于中国社会科学院对学科方向前沿每年进行梳理的要求，汇聚了我们连续七年不断跟踪和写作的成果。希望本书的出版能够帮助国际贸易学者、学生了解最新的国际学术研究前沿和未来的研究方向。

本书的研究得到了中国社会科学院世界经济与政治研究所余永定研究员、张宇燕研究员、宋泓研究员、姚枝仲研究员的指导，以及世界经济与政治研究所国际贸易研究室团队的支持和帮助。同时，加拿大西安大略大学经济系 John Whalley 教授、美国哥伦比亚大学商学院魏尚进教授对于本书的写作也给予了有益的指导。

另外，感谢中国农业大学经济管理学院多位专家和老师的建设性建议，感谢中国农业大学杰出人才引进科研启动经费以及"世界经济新格局"青年科学家团队建设经费以及"世界经济新格局"青年科学家创新团队建设经费的资助。

李春顶　东艳

2019 年 12 月